性.
歡欲.
金蓮

Lotus Step
Chinese Footbinding Culture

解構纏足
性文化 ——————— 柯基生 醫生 著

我探索纏足世界的心路歷程

柯基生

　　我從抄書、抄寫書上纏足內容，加以歸類分類，到整理相關的內容發表成三寸金蓮，進入思想激盪，有所心得寫下，現在才回到核心問題探討纏足與性的問題。性學的發展是很緩慢的，從奈米、基因、電子微細的發展，看不到性學發展。人類最原始的感動不就是性的感動嗎？我不是學服飾、學歷史的，如何在服飾與歷史上突破。性的專家本來就很少，更沒有東方性學專家。針對東方人的性文化，提出不同文化下的必然歧異與包容肯定。希望這本書寫出來以後人類更加肯定性學與文化的相關性。時下所有的性學寫成解剖教科書，好像所有的人一律只有相同的性感覺與性生活，也只有相同的生育生殖目的。這本書的內容不是創新，這只是述古，把一套完全被丟棄、唾棄，無法正視的文化體現出來。這些東西本來就深植在中國人心中、腦海中，是中國文化根深蒂固的一部分。

　　要讓一個沉落消失的文化概念再現有這麼難，原來整套文化體系是可以短時間內消失殆盡的。為了證明這些事實，所有的文物呈現我的證據，這與很多學者不同，他們多只重視文獻書本上的記述，考古挖掘的證據，有誰會認為傳世風俗文物也帶著歷史上的祕密嗎？

　　西風東漸，女性主義抬頭，身體自主權，女性受教育權的提昇，男女平權，個人主義因此認定中國社會文化落後，家族崩解，傳統文化崩解，性罪惡出現。

　　這本書主要從身體生理解剖、家庭、社會、歷史時代，廣泛的探討兩性的關係，這樣的視野和探討是很少見的，很少見到有深入價值的學術探討。這本書若寫得香豔露骨就流於色情，若寫得文縐縐就無法引人注意，更無法引發討論，勢必被束之高閣。只因為清代以來的色情禁忌，才留給我這麼大的空間，可以讓我發揮，這一個領域是所有學者不敢輕易探討的，也是所有兩岸政府機構文教機構，不會補助的範圍。

　　孔子曾感嘆說：「久矣吾不復夢見周公！」，對我來說最動人的一句話是用生命寫下性史。我從小就不相信這樣一套現有的性學理論，就像莫札特從小具有的音樂天賦，直到腓特烈大帝讓他表演，他說「這才是音樂」。過去不能講性，我只能在婦女歷史，民俗文化，服飾鞋飾，兩性關係，人類學等方面著墨，但這無疑是隔靴搔癢。這是回溯性的歷史，由歷史中尋找性的知識，藉由大量實踐的人口，來改

筆者（左二）與美國聯邦大法官蘇利文（右四），名作家楊楊（右一）多次組團深入鄉間，進行纏足風俗田野調查。

變一般認為少數修練術士才能做的少數例外現象，而成為一種普世性行為。就像美國性學家金賽利用社會調查來改變一般所普遍認知的性常識，只要有少數的學問能因此進入科學的殿堂，對人類來說都是極重要的一大步。

本書的資料取材來自蒐藏品、文獻記載、長期思考、田野調查、社會學、性學、民俗學、醫學、解剖學、情趣學、倫理學、服飾學、考古學、歷史、地理、人類學、婦女學、東西思潮，能同時駕馭這麼多的學識領域範圍是困難的。我像畫家洪通一樣，獨立創建另外一個性的殿堂，與一般性學家隔離之下，尋找出的性體會。更長的時間我補足婦女歷史，地方生活文化，服飾史，兩性關係，人類學，解剖生理學，讓性學的提出更具真實與力量。

我從十歲抄書找書，到尋找孤本資料、絕版書籍、口述歷史、田野調查，到集合知識融會貫通，迸發理論，整整走了四十多年。長期承受異樣的眼光，冰冷的卑視，但在每個孤寂的長夜，我挺著司馬遷、董狐的使命感，為精確呈現歷史而奮鬥。長路雖漫漫，但我會堅持走下去。

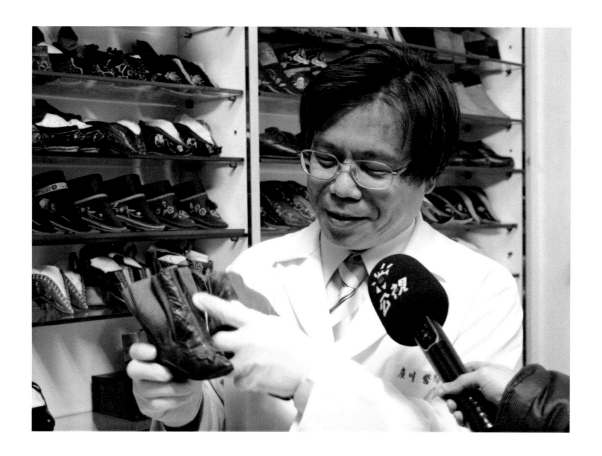

目　錄

金蓮之性

纏足歷史

性理論的演變

　　性不只是放在家庭中夫妻生活情趣的調劑增加，而是應該放到更大的格局範疇來看性的問題。在歷史方面，不同朝代年代的性生活態度的不同。在地理方面，不同地區產生的性也迥然不同。在歷史經驗中，人類的歷史經驗左右性生活態度的不同。從宗教倫理來看，儒教、佛教、道教對纏足對性產生了影響；但卻不能主導纏足的生活規範，性行為規範，一千年歷史中纏足的道理與儒釋道教併存，也許纏足可稱之為蓮教，它是一種準宗教，它讓身體改變，也因之而產生了新的性器官。它產生了性的革命、純就身體感的革命、S/M、肛交、身體擾動、自律神經、性情、情緒、商業組織、妓院、藝術與美學等等問題。纏足竟然可以挑情，這是一個很不可思議的問題。這是有史以來最深入的就不同的社會道德基礎，生活風俗所引致的性生活方式，做深入廣泛的討論。讓我們看見一個豐富、多趣、真實、深刻的性學殿堂。

　　性學不是一個單純的統計學知識，如金賽的統計、海蒂的統計，戀足癖也不該成為一個病態的用詞，它可以是幾十億人共同的歷史經歷。希望對纏足的研究為世界留下特殊的性學紀錄。因為性行為的改變對整個社會產生極大的改變，而纏足在其中扮演著重要的角色。

　　中國在明代有自由的「性」，但沒有自由的言論，西方則反是。書內許多內容在姚靈犀所編著的《采菲錄》書中都已提到，現在只是重新整理，進入理論化。希望能為全世界提出完全不一樣的性生活體系，這一套體系連漢民族的人想極力否認，無法接受，慚愧差恥的性行為方式，也許被世人當成性變態，但卻是一套完整的漢民族性學殿堂。

　　希望藉由對纏足的了解，將性文化的了解擴大。但今天就多數人體認的正常性行為反而是一個非常狹隘的性文化時代：

■ 性接觸對象單一、唯一

■ 只局限於生殖器的接觸

■ 身體肌膚的感覺被視為傷害

■ 只對人進行性行為

■ 只對異性進行性行為

■ 挑情、情趣的對象限於兩性之間

　　要揭開一個比較開放多元的性世界、性體認。纏足只是在那種體系中的一部分

改變。纏足否定了一個保守、嚴肅的性觀念，它讓我們認識在守舊、保守、含蓄中，另有一個與西方完全不同的性世界。這樣的性方式並不神祕，只是沒有人肯承認、沒有人願意用心去了解體會，只是沒有套理論體系，這是一套漢人的體系，只是在清朝統治下，漢人成為被統治者，認為是野蠻的生活方式。可不可以不要再以現代人的眼光角度，來批判過去性關係和行為。歷史對現代人的行為應批判，但對過去的軌跡事實，反而是應充分體察了解。我看在一千年中雖然在大環境上的各種因素，不停地在改變，但纏足風俗反而堅守著千年不變。

纏足的真實性生活世界中，充滿了西方人所謂的性變態，這一些熟悉的性行為方式，現在不但不見容於世界上的性學學術界，也不見容於中國人的道德價值標準，尤其在清代更不見容。看到大陸歷史學者楊興梅、羅志田寫的〈近代中國人對女性小腳美的否定〉，讓我更加肯定這個努力的價值，因為所有的學者只能從文獻中，尤其是解放纏足的文獻中去尋找有關纏足的理論，而我的文獻來源比他們廣泛太多了。我看到的纏足性世界也許有點像是愛因斯坦的相對論，進到了很少人能見的世界，所以不容易找到相關的論文敘述引證。

李銀河《性的問題》一書提到，中國人沒有性是罪惡的觀念與西方不同，也沒有基督教道德原則中反對肉體快樂的原則。中國式的性生活：任何形式的性行為是可以被接受的，但性生活就要有節制，性能力不可濫用。固精可以保氣，保氣可以益壽，還精補腦。所以中國人不是節慾（節制性慾），而是固精（節約精液），縱慾生活的人才要固精，王老五固精做什麼？男性性慾過度（出精過度）會傷及陽，喪失陰陽平衡，女性手淫如果不是受到鼓勵，也是被忽略不計的。——因女性的陰是無限的。

非常奇怪，高羅佩能寫中國歷朝的性風俗，卻無法描寫清代漢人的性風俗，可見明代以前的描寫偏於少數知識份子的認知，與真實性生活文化是不是有一段距離。這是一套長期觀察纏足文化所了解的纏足生活中不同的性文化方式，與西方所觀察的性生活方式極其不同，因為這些不同使東方人的性生活，永遠無法放入學術殿堂光明正大的討論，使性文化永遠藏在陰暗的角落進行。性是骯髒的、性是變態的、性是不道德的、性是無恥的，成為任何人無法昂然解放的一個陰暗部分。

纏足文化產生性生活的演變，還是性生活演變促成纏足更加盛行，這是很難解的問題，但是可以看到纏足世界中的性文化，有許多遠遠跳脫出一般人所了解的「不同風俗」，風俗的不同產生的差異，不單只是婚姻風俗的差異，是一種不同的性生活方式與體驗，這樣的不同，讓我們思考人類性生活文化的更多樣性可能，其他身體的改變或文化的改變，也將牽動出一套完全不同的性文化？

《采菲錄》
姚靈犀，西元1900
年生，本名訓棋，
字君素，曾為風月
畫報南金雜誌主
編。西元1936年
至1941年編著采
菲錄六冊，全書約
壹佰壹拾萬字，圖
文並茂，詳述纏足
歷史與華人纏足性
風俗，為偉大性學
巨著。

我們希望藉由纏足這個歧異點，看到另一個多元的世界。對中國人而言，性行為或結婚就像是另一個歧異點，由這一點會改變後半輩子的所有一切，所以非常慎重的進行這個交會與接觸，幾乎準備了所有的一切。

高羅佩運用古書上留存下來的資料，來進行對中國「性」的探討，我則利用纏足文物與纏足歷史背景史觀來進行性學的探討，以纏足為核心來檢討性學相關的社會文化現象。戀足癖、戀物癖、性虐待，多交、肛交等變態性行為方式，在西方視為病態的性行為，在中國這些性行為似乎早融入了正常性生活行動中。性行為的自由，似乎應該較言論、行為的自由，做為人類更基本的自由。但這一部分在西方都仍在爭論中，而且往往成為許多名人私生活上的罩門。

性文化的書找不出什麼新論點，倒是每本都很明確地把纏足放入性文化討論範圍。姚靈犀編著的六大冊纏足史料《采菲錄》被美國學者高彥頤（Dorothy Ko）當成是黃色書刊，但是學者王志明卻覺得高教授對姚靈犀的功過是「三、七開」。

宋代早期纏足是一種身體藝術面對廣大群眾的展現，後來逐漸進入狹隘的酒樓中展現，而至家庭中、閨房中展現魅力，從舞台進入情色交歡，進入更隱祕的世界、性的世界。

情慾可分為情感與慾望兩個部分來對待，情感、慾望碰撞自然流露。

情慾	情感：（超理性）可以用來表達內在心靈（心）（主觀）（健康）、社會、倫理、兩性關係、女教、愛。
	慾望：（反理性）外在身體的樣態（身）（客觀）（不智）、性、足戀、虐戀、性交、性慾、淫。

除了情感與慾望，我們還以美與藝術的層次來探討纏足。懷抱著探問情慾本質的堅持，圍繞著情慾的歷史表現——即其效應所展現的現象系譜，才能逼近情慾現象的本質。情慾不會因為變成一個問題之後，便將自己隱藏起來，反而因為種種理性對它說明的觸礁，

（左圖）姚靈犀
因著《采菲錄》下
獄，出獄後感言。
（右圖）姚靈犀
《采菲錄》手稿

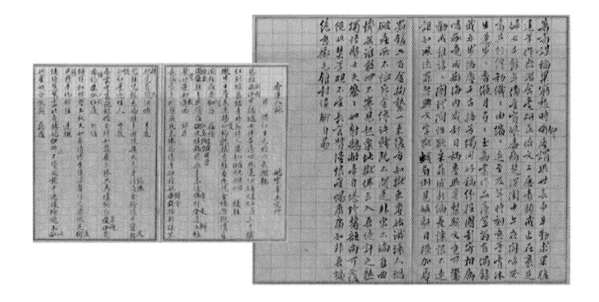

一點一滴地向我們昭示它自己。就像千年纏足風俗不曾隱藏、不曾壓抑，無法解釋它存在的權力，但也正是情慾確實存在的鐵證。

纏足是性語言的常態化與生活化。心靈（智慧）以理性為主的客觀知識，確定出以科學為導向的知識系統，並依此反過來處理情慾問題，（當然不可能）。情慾不能建構出一套客觀且完善的知識系統，而被視為沒有可應用的價值，沒有客觀的知識背書，沒有意義（對我們的應用而言，它就等於不存在）──（定義上就是非理性）（凡是能夠合理表達的東西都不叫情慾，根本無法理性表達。）情慾的問題被其價值的問題所蒙蔽或取代。但是纏足是在西方科學與價值理論傳入前所存在一千年的情慾現象，在沒有可應用價值的理性前提之下，因為情慾本身的不同，有可能產生似是而非的錯覺，更無法藉此認識到事情的真相。情慾的瞭解直接就經驗的觀察把握到，這種經驗知識或許還不夠明確，但絕非不存在的幻覺。非理性的東西不見得一定是反理性的，（非反省的意識，是一個尚未開發的客觀價值領域）（這個不受理性約束的存在就跟變魔術一樣不可思議，而不是說根本沒有這回事）──在理性所不及的辯證之中。

世界性文化的改變

在號稱第三次性革命的世界華人性學會中，我看不到特別新鮮的性議題，我想不是提出性解放或是BDSM，就是以創造新的性文化，必須有更充實的性實踐內容引領出人類第三次性革命。反對纏足的人，解放纏足運動的人，研究解放纏足運動的人是無法為纏足精神公平立傳的。就像反對儒家思想的人無法為儒家文化立傳一樣的。歷代立傳的人都是前朝遺老緬懷過去歲月的人。連中國性文化精神都弄不清楚，就走向妓權運動、同性戀解放，是不是連性革命都是舶來品？這無助於打開中華性文化的世紀，在爭取性權之前，連現有「性特異」都不予以認可，連特殊社會產生特殊性文化都無法了解。一九四四年中國的姚靈犀和美國的金賽同時探討性風俗、性文化，但當金賽獲得企業捐助，專研性學時，姚靈犀卻因風流罪，下獄禁聲。西方多元性文化成為自由的表彰，但纏足性文化成為落後、屈辱、醜惡的風俗。

西方人生活中只有性生活是採用身體感覺的，從而將所有身體感覺的生活歸入性的範疇？本來漢人曾經自認為是最高尚的民族，纏足是最高尚的行為文化，是四夷爭相效法學習的價值，當中國國勢衰弱，這樣的情況完全逆轉，纏足成為最卑下的文化。如果不能推理出同樣的做法，代表對那個時候的環境還不能完全的了解。

東方顯然較重肉慾？性行為有它隱密與私密部分，也影響到社會行為、家庭組織結構、人群互動、社會風俗禮教的改變，從而也影響到私密的性行為方式，風俗、法律、禮教較具有廣大社會性的互動，甚至隨世界潮流在動，私密的性生活因而改變，這種改變比較慢的，所以有許多仍留下最原始的印證。東西方性文化不同，是否根源宗教、禮俗的不同？性的真諦是什麼？顯然有別於佛洛伊德、金賽、凱蒂等用科學歸納統計的行為方式，那只能帶出族群行為的中數，而不能發掘其他族群文化的性行為方式。

纏足可以說是單純的民俗問題，也可以將它顯現為性文化，就看對性的解讀是廣義還是狹義。纏足演化成為性文化，在於中國人對性文化的包容海涵，從最原始宋代時的舞蹈、倫理、婦德規範，

筆者應邀至美國華府Smithsonian國家博物館貝爾德演講堂，演講並展覽「一千年纏足性文化」

逐漸演變成情趣、家族、婚姻、兩性情愛，最後成為虐戀、癖愛、縱慾。在元代也許只是情趣的現象，在明代或許纏足成為情色的一部分，到了清代因為灰暗的壓抑，反而促成澎湃的暗流，成為致命的吸引力。性文化與宗教文化結合融入才能成為堅固的民俗文化，纏足風俗衍生於儒、釋、道三教的影響下，並進而成為重要的性文化。

看來金賽的新性學觀看到的有同性戀的世界、人獸交的世界，奇異性生活方式的世界，他無法取得一個不同的社會背景去研究性的改變。原來性研究只在研究大腦的決定，社會的政策等。其實性是原始的感覺，應該有許多超脫出理性政策的決定，而該是屬於身體的部分。纏足打開了人的身體世界，打開了人與身體溝通的新通路，打開了身體改變的路程與方法。打開了認識、享受，身體與情慾、身體與社會、身體與情感的通路。

筆者油高彥頤教授安排在加拿大多倫多大學演講，並於Bata shoes Museum提供纏足文物展覽

早期纏足性文化（明代以前纏足流行）

明代纏足的描寫都不涉及到赤裸裸性的表現，像《金瓶梅》多處僅以性的暗示情趣顯現。有關宋代的纏足史科，美國亞利桑那大學歷史學系陶晉生在〈歌姬舞妓與金蓮〉一文根據宋人詩詞探討宋代纏足的發展。有關纏足的例證，以詩詞特別是詞中為多。明末時多采多姿，豐富香豔的性文化發揮到極致，將性生活與酒宴歌舞、妓樂、餐飲享受融合在一起（這種文化宋代已有，元代似乎較式微）。唐代曾重視佛教及道教，且以儒教做為政治上的通則，但生活、兩性關係似乎與儒教不相關，南宋以後才讓儒教進入全面的生活與兩性關係準則。

封建男性王朝每一次改朝換代都是一場權力結構、價值標準的重新建構，伴隨著一場曠日持久的戰爭與社會、人群的大動盪，幾乎完全中斷正常的生產與財富積累，社會地位層次積累，造成衰亡毀滅與重生。但家庭、家族、男女基本關係，基本上沒有太多改變，纏足風俗也沒有太多改變，在動亂凌替的社會中，纏足風俗一千年來反而成為社會不變的部分，穩定的價值。

宋代纏足稱做宮樣，也就是皇宮中流行的裝束、服具等的式樣。宋朝著名詞人辛棄疾在〈浣溪沙・為岳母慶八十〉詞云：「胭脂小字點眉間，猶記得舊時宮樣。」南宋妓女與良人無異，表示先源於皇室、官宦世家，最後才由妓家仿效。明代入宮也穿宮樣，這兩種宮樣不知有何不同；「別做宮樣」，但明代宮廷內竟然有木底局這到底怎麼回事？如果真有木底局，看來高底的出現又需要做重新評估。

我看窅娘的鞋子上蹺是可以跳足尖舞的，南宋束足纖直，才與舞蹈脫離。明代唐伯虎、文徵明等的畫作，將婦女那種纖弱、柔弱的身體感覺表現到最高境界，可是畫作中反而不露小腳。我看「蘇州頭、揚州腳」，指的是明代的狀況，到了清代，實在看不出經過揚州十日屠城後的揚州城，有什麼譽滿全國的小腳，雖然有網友告訴我清末揚州還是有小腳的。我看幾乎所有的高底弓鞋創作都在明代已完成（明代中末期？），似乎要把高跟弓鞋的出現與演進全部

都放在明代。明代揚州瘦馬驗小腳叫她走路看姿態，由此可見明代以前婦女以掃地裙蓋至小腳，所以走路看她步態驗明是否小腳？

明代以前雲南的人口很少，雲南在明代遷入的主要是衛戍的士兵，沿著西南絲路的沿線，這是漢民族在雲南的分布方式，其實也只有這些城市是漢人聚居地，在河谷因瘴癘之氣而不敢下去，河谷高山仍為原住民所佔據，在半山的高原城市上生活的漢人，在這些城市都發現了纏足弓鞋，所以纏足風俗的擴散也就是漢民的擴散，當然在大理、獨龍等地區有些少數民族、白族、獨龍族等也有纏足，這些族群是否也像台灣的平埔族纏足一樣。從雲南的例子可以找到多少台灣的影子。

（一）明代開始傳入纏足風俗
（二）軍隊傳入，有唐山公，沒唐山母
（三）纏足成為民族特色，漢民族的特色
（四）依河流建城發展，或海港建城發展
（五）漢民族是貿易的民族，離不開水的民族

所有說法都認為明代漳泉是迷信、迷信巫術、迷信鬼神的地區。雲南纏足文化可能是雙源式輸入。經由四川傳入的特色，此式明顯得更古色古香，三角形、平底式弓鞋、鞋頭尖勾上翹、象鼻頭、山西式掛跟，這些形式與四川、貴州形成相同，並可以假設是明代以前傳入。由江南明代軍旅傳入特色為較新潮，昆明式的鞋高底高跟弓鞋，浙江安徽涼鞋式套鞋，此式與江南弓鞋雷同，並有網子鞋傳入。

西夏：山西南方，四川、雲貴、西康在明代以前不就是西夏地區嗎？可以說這種形式的弓鞋也就是西夏弓鞋了。沒有太多證據顯示當時西夏婦女有纏足，但明顯的證據是到了清代，這些地區的少數民族還是沒有纏足。

明初的時候，元朝還統治雲南一段時間，所以大理地區，原來是否有纏足，可以來加以定位元代纏足風行的範圍。元代泉州港的繁榮，可以當成漳泉地區纏足盛行的一個原因，可以說閩地是歷經宋、元、明都明顯纏足的地區。充分的證據，證實南宋時浙江的纏

足風俗。明代許多建衛的地方都是纏足的堡壘，天津衛、海參衛、威海衛，但卻不包括貴州的屯堡。

元代的風俗資料太少，幾乎找不到當時人民生活的資料。元代的統治階級並不纏足，但對漢人女子纏足卻頗為讚賞，從元朝宮中在應酬場合奉帝王之命所作的應制詩中可窺見一斑。例如元代李炯的〈舞姬脫鞋詠〉中「金蓮窄小不堪行，自倚東風玉階立。」元散曲裡專門以金蓮、美足為題的作品很多，少不了「盈盈嬌步小金蓮，瀲瀲春波暖玉船」這樣的句子。《西廂記》裡張生初見崔鶯鶯，先感歎她天姿國色，目光下移「休說那模樣兒，則那一對小腳兒，價值百鎰黃金。」關漢卿《溫太真玉鏡臺》裡溫嶠與表妹相逢，也是看了模樣後看腳，「一對不倒船踏窄小金蓮尚古自剩。」元代人物仕女畫中的凸出尖翹鞋尖。元代人好雲紋，是不是可以點出像安徽敏縣的弓鞋源自元代。元代對婦女的守節要求更高，並崇奉儒教。元代在馬可勃羅之前，有西方人來東方並記不了中國的纏足。反而馬可勃羅沒有寫到中國纏足風俗，也許在元代貴族之間是不纏足的。元代揚州的繁榮，也是纏足盛地之一。到現在為止沒有任何證據顯示，在元代以前有高跟鞋，我想高厚墊鞋（重臺履）是早於元代存在，但是沒有任何高跟。在元代就已經有的，但是尖翹象鼻頭或扁翹的弓鞋，「像羅雙雙那一雙」，在元代以前顯然已早就存在，宋已經有了高柱底的小腳鞋。高柱底的簡單與古拙，顯現出它是最早期的高跟鞋形式，這種鞋底在福建和山西同時出現，也代表它的流傳高古。我想潮州式中底高跟和旗鞋中底高跟，可能從相同的源流產生，這麼說來是不是在金時旗人已經傳入了中高底女鞋。其實纏足風行的一千年也正是漢民族在長江流城開擴的一千年，在這期間，漢民族據有的南方商業繁榮，成為國家的經濟文化中心，北方則成為政治軍事中心，這和漢民族善於經商的民族性有關，因為以商立城，以農業經濟作物，以農產加工立國，所以有助於能產生纏足風俗。

明代建衛並植入纏足的漢族婦女，成功的達到民族擴張殖民生活，宣揚文化的目的，未建衛的地區，就成為後來民族激盪爭執的地區，纏足婦女不能上船遠行，所以鄭和的遠征不能達到長期統治的目的，「朱元璋民族開擴政策的成功」，恐怕也得力於纏足擴散

一千年來中國婦女纏足比例趨勢圖，至清代中末期全國有近百分之七十的成年婦女纏足。

的政策支持。

纏足源起	成為地區性民俗	求小	擴散布植四方	醉心流行	深植不移
北宋	南宋	元	明初	明末	清

　　到了明代末期將這一漢民族的性生活方式推到理論上的最高峰，可是卻不能正面大膽的講出來，連《金瓶梅》也得冠以悲劇的下場。《水滸》及《西廂記》可以代表元代纏足有沒有盛行的反應。好像從來不曾見過明代以前有色情禁書的名單，這是讓性生活更加豐富的基本環境，違反倫理，會受到朝廷嚴屬的制裁，但色情、風化、嫖妓、濫交，在明代似乎都不是問題，才會產生了許多才子佳人的故事，陳子龍與柳如是的故事，淫書出版在明代似乎百無禁忌。禁忌好像是清代才有的事。明代選設定了官妓。南宋朱熹是否有推行高底鞋，成為高跟鞋來源重要的考據，如果能證明就可把高跟鞋發現的年代提早了四百年，但是有根據的文史資料都無法證明這一論述。

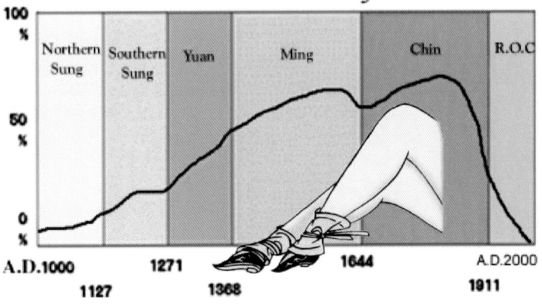

清代纏足性文化

　　清代的春宮畫反而還是標榜明代的時代背景。最淫穢的淫書好像多是在明代印行的，清代少有公開印行。那些簡單的避火圖成為清代販夫走卒的色情文化。很多粗獷自然的藝術到了清代成為做作、繁複虛假的藝術文化。性文化到清代形成神祕的、禁忌的、不可告人的文化，因為在清人異族文化統治下，必須偷偷的進行，但是偷偷的進行結果。走向什麼方向，是什麼力量引導進去。進入性文化，原來舞蹈公開文化消失；也許只保留在雲南等邊陲地區。更加纖小造作，步行困難，婦女更加侷限在家中。有許多少數民族或山地地區也加入流行。女性並沒有取得滿州女性的類似地位，反而地位更加卑下。清代沒有統一的語言，各地方言更加獨立盛行，形成各方言文化區更為鞏固（因清代尊重各種種族語言文字）。清代尊重女性在閨房內的隱私，所以纏足形成更隱密，各地特殊文化，專制政權，卻是閨房內性自由，就像語言的自由。

　　不管是在小說，詩歌之中，只有性描寫敘述時會把小腳做比較細膩的敘述，一般描寫婦女的文章絕少提及纏足，可見纏足與性的關聯。清末民初進入報紙宣傳的時代，逐漸有人把最寫實的性生活方式寫出來，寫出平實的性感受，而不再是誇大不實的小說式性描寫，也不再止於各種體位變換，或理論式的性保健，而是寫到真實的個人感動。把對小腳的愛慕與凝視欣賞、感覺，立體而寫實的寫入文章中，姚靈犀編著的《采菲錄》創造了新的性學描寫，真實的抒發傳達男人戀足、愛足、玩足的方法與心結。各種性愛體位教導的避火圖或春宮圖再不能滿足性的了解渴求。

■清代纏足風俗擴展至東三省
■滿人也漸有人纏足
■纏足男伎出現，男扮女妝上戲
■性風俗由開放進入隱閉
■產生反纏足思潮

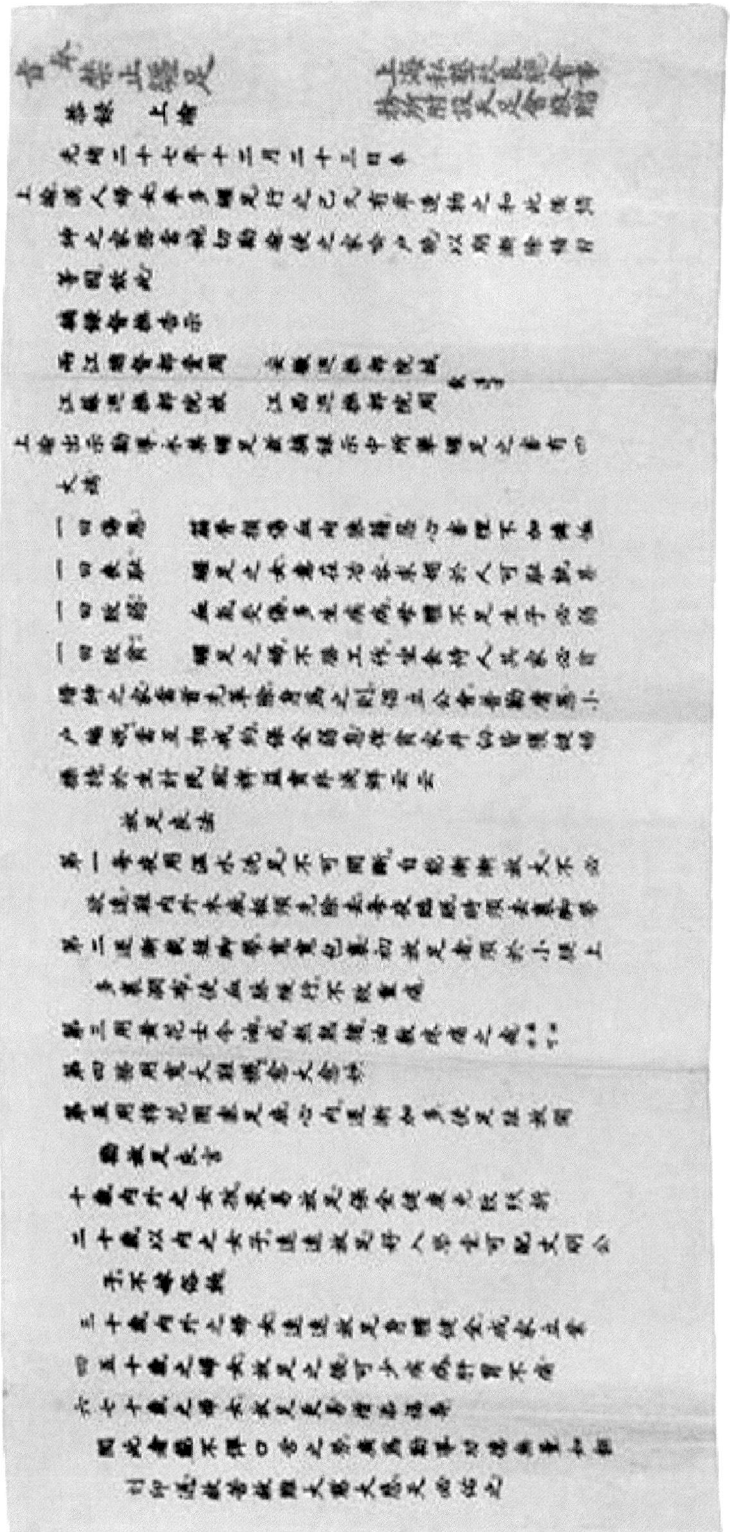

■滿洲貴族不纏足

■女性維持漢俗纏足，男性改成旗裝剃髮

■高羅佩不知道清代性風俗

■滿人不了解漢民族一夫多妻式的群戲式性生活

■清末滿州王公貴族多人喜歡小腳

■清代春宮很多都假託是明代所畫

■我看很多腿飾都是在清代興盛發展

■清代擺脫了對纏足服飾的限制與規定，於是成為各種新造型、新流行的併起的時代，許多古色古香的城鎮仍保有獨特的弓鞋造型，這是仍無法擺脫明代服飾規格拘限的陰影所致，認為服飾是代表一種定式化的人群規範，這種現象在清代當然較不會有，尤其絕不會認為是朝廷的指示，所以清代弓鞋產生了流行，尤其在新興都會區更盛。

有些少數民族也逐漸接受漢化纏足，甚至旗人也產生效法。纏足讓漢民族生活在神祕性生活領域裡，成為民族中不容碰觸的敏感話題，逼使滿族人只能自我盡情而不碰觸，直到清末，以皇太后懿旨勸解時，顯得極為低調。被統治者的性方式被冠以低俗、野蠻的概念。滿人曾禁纏足但卻未能執行又弛禁。清代滿清政府對纏足與漢民族的揮霍享樂，視為不良風俗，禁止官員宿娼、禁止纏足，同時間開始有色情禁書，這當然使色情風化不能被文化人正面公開推崇，從此進入偷偷摸摸的黑暗時代，纏足成為獨門祕方。性行為變成一種禁忌，偷偷摸摸；見不得人、羞恥、不可告人的事是在清代才開始。

纏足一千年的歷史涉及許多服飾流行，足飾演變，纏足手法與身體改變的問題，希望能在接下來的著作《媚・時尚・弓鞋》與《痛・身體・纏足》兩本書中更詳細的說明。

空間與性

　　纏足產生了許多空間距離上的問題與性的影響，漢民族傳統建築的格局規畫，很重要地圍繞在男女隔離的意識上。對兩性的居處有極為嚴格的分隔與分離，在中國大宅院中女眷只能處於內庭，愈是高官門第這樣的男女分隔愈為鮮明，這可以從北宋畫家張擇端的《清明上河圖》中男女分布出現的位置就可以看出端倪來。

　　將閨房放在圍封四周的房間，無形中有種被監看的作用，就不會產生男女求愛的故事。也自然產生纏腳、媒人、相親、娶親等種種過程，娶親成為家族大事等一系列的文化。這些文化源於男女隔離，纏足是使男女隔離落實的好方法。通俗讀物《清苑詩謠》中說：「裹上腳，裹上腳，大門以外不許妳走一圈」。因為男女空間的隔離只能婚姻由家長做主、由媒人仲介。在層層的屋宇中定下了種種的規矩，不允許男性或女性的單獨闖入。大家閨秀、高門第的女子，愈加避人、愈多規矩。「姑娘纏了腳就收了心，省得在外邊撒野。」

　　女性幾乎成為被豢養的寵物，過著與外界隔離、安逸、休閒的生活，高牆內成為女性唯一的生活空間。纏足通常避開在內部偏僻的房間為之，這需要一個有隔間的房屋；女性，女子獨立的生活空間稱做閨房。閨房是女性私密的生活空間。唐代用屏風做為室內的空間區隔，進室內穿厚襪脫鞋，這樣的環境不會產生纏足。宋代木頭隔間，進室內坐椅，穿鞋，這樣的室內設計使纏足風俗成為可能。

　　屋內的炕上，是女人纏足的發源地。在炕上可以只用爬的不必走，只需穿著裹腳布及襪子。在北方許多地方炕上是女人一天中大半的時間生活的天地，其中抽紗、縫補、刺繡、手工都在炕上盤坐，這也是女人的經濟生活空間。

　　為了瞭解皖南婦女生活，專程去一趟安徽，看了許多民宅古蹟民俗村，可是卻連女性閨房的真相一個也沒看到、沒有留下一間女性閨房的原始樣態展出，直到現在閨房的世界對多數的人來說都還是個謎。徽式建築中女性閨房都放在閣樓上，少女終年不離開閨房，所以到出嫁才是第一次離開閨房，因此也叫出閣。徽式建築為防女性紅杏出牆，採用高牆隔開民居，且不在高牆上開窗戶，採光由天井採光，讓女性完全生活在隔絕的空間裡，在天井的四周下設條凳，上連靠欄，稱為「美人靠」；「美人靠」是女孩子從天井上面向下望的欄杆，條凳的高度是女性跪在上面的高度，坐時朝向閨房，而跪立時可朝家中樓下廳房張望，窺視樓下送往迎來的應酬，成為取得對外消息的唯一管道。因此「妝樓瞭望」、「憑欄寄意」，這些「美人靠」，曾印下了多少少女、少婦蹙眉凝眸、引頸顧盼的寂寞身影？君不見，在唐

代之後的多少詩詞歌賦裡，「朱欄倚遍黃昏後」，而總不見良人的蹤影的閨怨，是如何地被一遍遍地詠唱，那是少女、少婦被空間隔絕的哀嘆心聲！

家中男主人在不在有明顯的標示，男主人在家把帽子放在帽筒上把兩個八卦桌合放這樣鄰居才能來訪，女性單獨與人晤談是非常失禮的事，尤其男人不在時，更不行，有些話應該由家中男人出去代傳話。

私人花園是家眷女性遊憩的地方，是女性唯一的休閒世界。為了讓內容更豐富，將園林放到小小的園子裡，花費極大的工藝心思精雕細琢，雕樑畫棟。為了方便纏足婦女步行，女兒牆是女子從花園中，站在假山可以眺望外面世界的低牆，花園中用欄杆扶手，用欄杆扶手延伸到女性所有可以去的地方。這些都是因應纏足婦女生活與男女隔離，所做的建築上的特殊設計。

女性有事要出門時得坐轎子，轎子進入房間室內，女性從廳房起轎，沿路走到目的地不讓人見到她。在台灣鹿港，因應纏足女性的特殊設計有名的鹿港三不見——不見天街、不見地、不見女人，因為女人只有生活在閣樓上，在各樓上層的住家互通，婦人在屋頂互相酬酢往來，在街上見不到女人。

纏足婦女的生活空間嚴格限縮，兩性之間纏足欣賞距離也明顯縮短。纏足從舞鞋，到妓鞋行酒到握蓮、玩蓮的距離愈來愈近，也從集體賞玩變成個人玩賞，由屬於眾人的賞玩到成為個人禁臠，進入更狹窄的觀賞領域。

北宋蘇軾〈菩薩蠻〉有云：「偷穿宮樣穩，並立雙趺困。纖妙應說難，須從掌上看」——由此可見，「小腳」是放在手上欣賞的。清人李漁曾在《閒情偶寄》中興致盎然地評道：「瘦欲無形，越看越生憐惜，此用之在日者也；柔若無骨，愈親愈耐撫摸，此用之在夜者也。」在夜間昏暗的燭光下，纏足的主要在夜間使用；嗅覺、觸覺、痛覺，成為最重要的性感覺。弓鞋圖案的瑣細，要清楚的欣賞弓鞋上的刺繡，看來它的欣賞距離是很短的。纏足的兩性世界是一個更近距離的兩人世界、床上世界，纏足文化把人與人之間近距離的接觸與關係呈現出來，描寫的是一個比《紅樓夢》更近的床上世界，而不只是房中、屋中、大宅門、大觀園內的世界。

性愛分離

不知道從什麼時代開始中國人普遍的認為「紅顏成為禍水」這在下意識中，很自然的讓男人遠離女性心神上的羈絆；男女兩性的交會在性生活上，相反的卻認為性生活可以提供男人許多的幫助，「採陰補陽」、「黃帝一日御百女」等等說法，將女性物化，兩性一直放不到同一個「思想伙伴」、「心靈合作伙伴」的基礎上，女性只是傳宗接代工具，家庭組織的重要成員，而不是社會成員，所以一直到清代初期女性都還不被算在國民人口上，社會好像沒有這樣的成員。

儒家思想或道家思想都刻意的編造出「男性主義」、「紅顏禍水」、「男性為正宗」的中國儒家式史觀，這種史觀的被強化，對女性是很壓抑的，也阻礙兩性間正常的情愛關係。傳統中國的情愛到底是「性」還是「愛」，似乎較偏向「性」這一邊的，所以說「一夜夫妻，百世恩」，愛似乎是植基於性行為之上。「一夜夫妻，百世恩」這個觀念很特別，是先有夫妻關係、性關係再推而為夫妻之間的恩情。「娶到小腳的男人充滿了幸福與驕傲」，這個簡短的信念，將婚姻與小腳緊密連結，而不是將婚姻與愛情結合。纏足與「美」與「婚姻」、「幸福」、「快樂」、「美滿」、「讓人羨慕」等詞彙是相連結的，也隱含著「男人性生活滿足」，但這與兩性「相愛」似乎有較大的距離。

良家婦女被繁複的禮教束縛著，根本談不上愛，「一點朱唇萬人嚐」的妓女，反而在文人的筆下顯得更有情，成為中國人談論愛情的最主要文學內容。但這種愛情，顯然與她們性行為對象多元或接觸對象複雜之間是脫離的。與髮妻之間建立在性與倫理的關係；與妓女建立情愛的關係；大量的情愛故事僅出現在與妓女間的交往。南唐與北宋還可見到女詩人、女藝術家以良家婦女的面目出現，到了南宋、元、明這樣的可能性就愈來愈少，與男人分享精神思想境界的只能是妓女？

纏足出現在這樣一個性愛分離的環境，更精確的說是浸淫在性慾生活的社會。在這樣的環境下，性接觸的更強烈、更愉悅、持

久、更有感覺,更深刻特殊的性經驗成為最重要的事,這與「愛情」的縹渺是有所不同的,建構在身體解剖生理的刺激層次,他們覺得比較真實,幾千年的「房中術」討論建構出一套性理論的大學問。

就如我們在《金瓶梅》中似乎看不到「愛」的情愫,在明末許多情色小說中似乎也看不到「愛」的表現,到了《紅樓夢》、《浮生六記》的時代我們才逐漸看到細膩的愛情,這一些愛情的表現也許從明末馮夢龍的一些短篇小說中見到,《西廂記》也隱含這種愛情,但愛情的結果往往是悲劇,這是不是像在警世「因果報應」不要落入愛情的漩渦中,我們看不出鼓勵愛情的教條與信念,「願天下有情人終成眷屬」顯然敵不過現實的「願天下眷屬能成為有情人」。

或許《西廂記》張生的「愛」中是不是也有不少成分是因為看到崔鶯鶯的「小腳」?就以民國初年對纏足文化集大成的姚靈犀編著的《采菲錄》中,看起來《采菲錄》中的許多作者,對許多女性的「小腳」動情,這與現代兩性之間的一對一戀情顯然不同,對他們來說愛的是「小腳」,勾起性慾的是「小腳」,動情的是「小腳」,這樣對於傳統媒人撮合門當戶對,包辦式的婚姻就不會產生太大的落差與阻礙,因為是「小腳」引起性慾,夫妻不過是社會制度上的結合,性行為與戀愛、情愛是不同的事情。

金蓮時代

　　像唐代有突出的人物造形特色,敦煌有其特色的飛天人物,但金蓮時代的人物特色在哪裡?文物薈萃、最好的絲織品、鞋飾、身段、藝術平民化。其中最突出的人物造形,我看是唐伯虎的仕女造形,成為這個時代的特色。性生活中,肉慾的橫流是性生活的特色。即使是被元軍、清軍的異族統治,纏足仍得以保存下來,可見其文化的強勢性。什麼時候才有人敢大聲講出來我們曾走過一個金蓮時代。現在幾乎都是對金蓮時代強烈的否定,但那麼長遠的歷史,真沒有什麼讓人覺得驕傲光榮的智慧嗎?對女性來說這個時代難道是黑暗時代,沒有值得大書特書的歷史嗎?

　　如果找不出文化價值,那更能肯定金蓮時代是一個性主導、性慾橫流的時代,只有性的發展能打破衣食住行民生的發展、政治軍事的發展、藝術道德的發展、宗教的發展,獨樹一幟,成為努力目標、生活重心、歷史的主流。也許纏足的早期發展與性慾不太相關,但過了明代中末期,纏足很明顯地是走向性慾橫流的方向。

　　金蓮時代是中國貿易出超、手工藝品昌盛,隨身使用個人藝術品通俗化、大眾化、普及化,而不再只是追求溫飽的時代,是藝術平民化的時代。金蓮時代就是家族生活的時代,是漢民族飽受北方游牧民族威脅的時代。是欣賞柔弱女性的時代,漢民族沒有音樂舞蹈的時代。是漢族女性在政治上完全禁聲的時代。是人口繁衍的年代、是南方經濟重心的年代。是海洋絲路取代陸上絲路交通的年代。

　　很明顯地可以看到纏足進入天足的時代,女性在性行為中由主動改成被動,由旋機改成靶心。女性追求性享受之路,一般人只注意到男人性享受的觀點。我希望能成為第一個能藉由大量資料掀開女性觀點,女性性生活的人。姚靈犀的《采菲錄》或一般禁毀小說都是男性觀點,只有從實物上來看女性觀點,美麗的弓鞋,不該是封建的男性架構下提供男統治者的藝術品,而是女性自心底本能所願創作出來的藝術品,代表女性對小腳的重視,與希望藉小腳所呈現的身體美。纏足由女性代代相傳,相傳其中的秘境,相傳女性追

唐伯虎的仕女畫，畫出金蓮時代仕女的典型，有登峰造極的絲織品紡織藝術，垂肩纖細柔弱的身體，飄逸服飾配上飄帶與扇子更見風中弱柳。

尋身體享受的祕訣。女性主導性愛進行的時代，解放纏足運動是由女性主導轉變成男性主導性愛進行的轉換期。

性與社會組構

藉著對性的了解來解讀社會行為與歷史。人類經歷了一個漫長的性的進化過程，包括性的生理進化、心理進化和社會進化，在生理進化方面，例如發情期消失了，在每年的任何時候都可以性交，隨著直立行走，性的敏感區增多了，並集中在身體的正面，陰莖的發育增大與陰道的深陷身體內部（是不是骨盆直立演化造成？）特別是性交體位由後入位進化為主要面對面的性交，大大幫助推動性的心理進化與社會進化，包括愛情的產生、道德、情操、知識、習俗的發展與有關制度的建立等等。

「傳宗接代」成為中國人根深蒂固的生命目的。由此衍生出宗族社會、男女分治、男人重社會面與經濟面，女人重家庭面與生活面、生育、養育成為女性的責任，也就是傳宗接代的責任。一般所說的性生活藉由男女兩性身體的接合組成家庭蘊育新生命，成為人類家庭建構的基礎；相對的纏足創造的生活共同圈，讓家族親族的建構更為緊密，形成一個女眷為核心的家族生活圈，纏足婦女對共同生活的需要，使得家族聚合更為自然緊密，纏足產生於家族社會時代，家族社會時代也讓纏足更為合理、有意義。

纏足最大的功能在於家族社會的鞏固與性的昇化。需要一個長期穩定的社會環境才能纏足。纏足需要在一個穩定的家庭，相對的纏足的結果也讓一個家庭更加穩定。形成一個男耕女織各司其所的社會組成。中國南方有許多少數民族仍維持原始的母系社會，這些民族多沒有纏足風俗，纏足植基於固定的男系社會。家庭是屬於女性的生活舞台，男性很容易跳脫出家庭尋找生活的舞台，纏足的年代，家族家庭成為女性主要生活的舞台。纏足後成為一個更社會化的人。社會分工更加細密。纏足時代女性的社會地位，往往經由她的配偶與她在家中的地位來產生。相較於中國北方的游牧民族，纏足是一個固定生活民族的風俗，纏足讓社會組成穩定，讓籍貫、祖籍、戶籍與戶口制度變得有意義。雖是男性家戶長制，以男性為家族核心，但纏足的女人反而是扮演著真正不動如山，居其所而眾星拱之的核心位置。

元代奴隸社會的本質提供了漢族婦女更進一步被深藏，荷蘭漢學家高羅佩（Robert Hans van Gulik）寫的*Sexial Life in Ancient China*（中文名為《中國古代房內考——中國古代的性與社會》）一書說，他們最擔心的事情之一是如何保護他們的家眷免受征服者的糾纏，被軍事當局指定安排蒙古士兵住宿的房東想設法把他們的家眷關在自己的房間裡，並且開始越來越讚賞儒家關於把婦女隔絕起來的規定。有人推測，正是在這一時期，中國人的假正經已經開始顯露頭角，他們開始竭力掩飾其性生活，使外人無法窺知。

纏足與家族社會，纏足世紀就是家族世紀。纏足讓嫁進來的女性踏實的屬於新家族。形成女人圈組成成分是妯娌、嬸嬸、婆婆等。藉由纏足形成女德、女教的另一套婦女規範標準，長輩幫幼輩纏足。纏足與婚姻的建構。女性構成家族不變的中心力量。女性間的家族內分工構成互取所需、互通有無的家族供應系統。形成自給自足的封閉式家族社會。

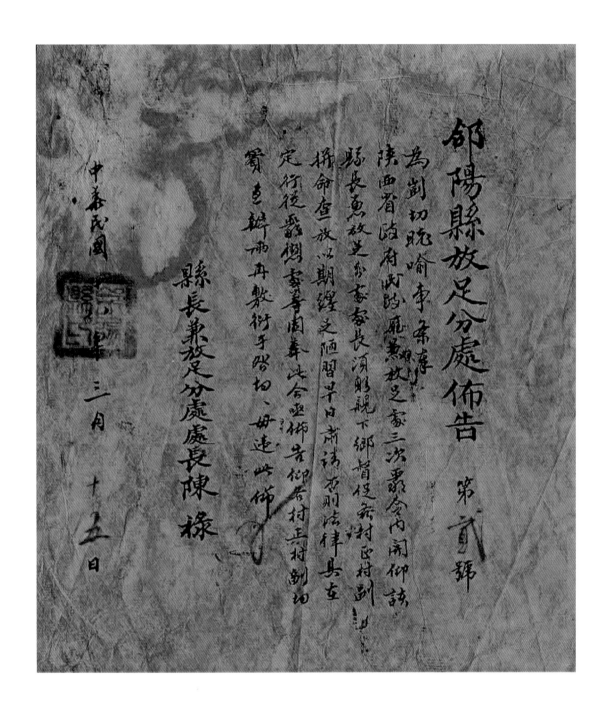

邻陽縣放足分處佈告　第貳號

為剴切曉諭李家康
陝西省政府政防厲禁纏足之案三次叠令內開仰該
縣長惠政是務審查縣長須眄視下鄉督促各村正村副
摒命查放以期纏足之陋習早日肅清否則法律具在
定行從嚴懲辦等因奉此合亟佈告仰各村正村副
實意辦兩冇數衍手諮切毋違此佈

中華民國　　年　三月　十五日

縣長兼放足分處處長陳祿

深化兩性差異

在男性嚴謹的著作中，從沒有男人去鼓勵女性纏足，或教導婦女該如何纏足，纏足的方法過程，對男人看來都像是另一個謎一樣的世界。兩性差異的深化源於論語「男女有別」的觀念。深化兩性的差異也造成兩性分工。纏足讓男女性之間增加了永久性的身形特徵差異。

纏足讓男女兩性，增加了一種極為明顯的第二性徵，女性成為「小腳的人」，男性成為「大腳的人」。纏足的千年是深化兩性差異的千年。對中國人而言，性別有一部分是後天定位下來的，所以中國人創造了許多男扮女、女扮男的故事，如「梁山伯與祝英台」、「喬太守亂點鴛鴦譜」、「孟麗君」的故事，一方面是因男女性徵其實有很多是後天改造，另一方面，也是因為這個社會對男女有極大不同的身分角色認定，兩性扮演完全不同的角色，這與今天的兩性平等教育極為不同。

為了解釋纏足與性別的影響我們也許可以概分三種性別：

1. 自然與生俱來的性別——天生的性別角色。
2. 父母家庭長輩賦與的性別——在纏足的年代纏足是最主要賦與性別的認同——給予的性別角色。
3. 社會角色扮演性別——在人際社會中所扮演的性別角色——自願扮演的性別角色。

纏足後兩性增加了空間上的隔離（男處外；女處內）；身體構造上的隔離；體力不同的隔離；工作機會上的隔離；穿著服飾不同的隔離；教育機會上的隔離；以及教育方法上的不同。

纏足讓女性產生的拘泥、柔弱、搖曳步態、限縮家庭，手工工作，成為女性特徵；相對於強壯、外出社會生活，成為男性特徵。所以我們可以看到纏足的年代在兩性關係上努力凸顯兩性的差異，表情上的差異，工作上的差異，男女分隔上的差異，身體上的差異，社會角色與責任上的差異，纏足的結果是讓這些兩性的差異，更加深化。也就是在「性別教育」上，目的在深化兩性差異。

《前漢書》的作者班固的妹妹女史學家、文學家班昭，本人常

被召入皇宮，教授皇后及諸貴人誦讀經史。在七十多歲高齡時，她寫出中國第一部完備的女性禮教典籍《女誡》。她在書中從七個方面規範了女子立身處世的品德和行為禮儀，在之後的幾千年中國歷史上產生了極其深遠的影響。《女誡》的第三篇是〈敬慎〉——「陰陽殊性、男女異行，陽以剛為德，陰以柔為用，男以強為貴，女以弱為美」意思是陰和陽的特性各是不同，男女的行為也應有別。陽性以剛強為品格，陰性以柔弱為表徵，男人以強健為高貴，女人以柔弱為美麗。陰陽代表女男，也代表男女的差異，中國因為有陰陽代表女男的分法，所以在兩性關係上努力凸顯兩性的差異，妝扮上的差異，服飾上的差異，行為舉止上的差異，身姿上的差異，社會角色與責任上的差異。纏足很巧妙地提供了深化兩性差異的工具，讓男女兩性在妝扮、服飾、身姿、行為舉止、社會角色、社會責任上，因為女性纏足的結果，很自然地加深加大這些性別上的差異。

娶妻選腳

整個社會孕育出年輕人以「小腳」成為選妻的唯一或最重要條件。很多的男性把娶一個「小腳」婦女入門，當成是婚前最大的人生目標。我們看到許多纏足時代對「小腳」妻子簡單的信念，「腳大嫁不出去」、「出轎眾賓客只看腳的大小」、「知道娶到『小腳』妻子喜滋滋」、「腳愈小、人愈美」、「水（台語，美的意思）腳沒水（台語，美的意思）面」，「愛某水（台語，美的意思），要幫某捧洗腳水」。婚姻制度讓纏足推波助瀾進入更瘋狂專注的境界，尤其有許多媒人只看腳的大小，腳的大小就像男人的功名、就像文憑，成為女性出嫁前最重要的個人資產。

「娶妻選腳」必然對社會的價值、人群關係、夫妻感情，產生改變，這一個改變得挑戰以前娶妻的標準，諸如：1. 門當戶對 2. 有無功名 3. 人品端莊 4. 嫌貧愛富 5. 美貌 6. 夫妻感情。到了清末確實有些案例顯示婚配時對「小腳」的要求已超越了其他所有條件的要求。山東諺語「纏小腳嫁秀才，吃白饃就肉菜，纏大腳嫁瞎子，糟糠餿餕就辣子。」

除了年輕人的選擇，舊時的聯姻有時像是一個家族在娶媳婦，而不單是一個小伙子在娶媳婦，這兩個標準是不同的，但一個「小腳」的媳婦卻能滿足小伙子與家族的共同期待。但很明顯的這是一個家族在娶媳婦，那麼小伙子間的恩愛成分顯得不那麼重要，相反的一個能忠於家族待在家族為家族忠誠工作的媳婦是受人歡迎的。

窮人指望著「小腳」的女兒能使他們從新郎那裡得到更多的訂親禮盒或聘金，如果沒有，起碼也讓女兒進入較富裕高貴的家族，生活在比較優裕的環境。從另一個方面講紡織、女紅成為女性最主要經濟來源的環境，「小腳」是不是也意味著一雙巧手，具有更強的經濟優勢。

腳的大小是可以量化的，這就讓素未謀面的情侶在媒人牽合下容易多了，因為「小腳」的大小是可以用尺寸衡量的，也就是美人可以用尺寸來加以簡單的量化。纏足時代婦女與世隔絕，更加重媒人對小腳美量化的依賴，腳愈小愈受隔絕更顯得神祕，也就更增

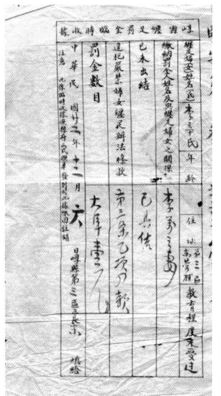

河南許昌，李振炎先生，有關「娶妻選腳」章節插圖創作手稿。

加她無窮的吸引力。把美麗藉由媒人的口中數字化了，成為一個數字，數字愈小愈美。這比美貌的敘述如「沉魚落雁」、「閉月羞花」寫實多了。有些地方更為直接乾脆要求媒人拿一支弓鞋來，看看腳的大小，這樣的風俗更演變成要求閨女做一隻弓鞋，讓婆家鑑識，這隻弓鞋稱做「相親鞋」當然做得特別精緻別具巧思。

很多較小年紀定下的婚姻，夫家定下了標準，要求女家纏出這個大小來。有人乾脆娶個童養媳進門來由婆婆自己培育「小腳」，這在台灣早期移民社會娶妻不易時非常盛行。異族婦女也纏足了，成為漢族男人的小妾，建構新的異地小家庭或回到原籍歸宗，這是中國式的領土擴展方式與文化融合方式。中國人有許多男性隻身在外生活打拼，無法帶眷前往的情況。在中國各地經商或開疆闢土的男人都有類似的狀況，這種情況形成台灣有「唐山公」無「唐山嬤」的現象；為了填補這種落差，平埔族的婦女也纏足響應漢族婦女的生活文化風俗。

從一九〇五年臺灣日治時期人口調查紀錄中，平埔族的纏足人口比例可以得到較多證實，因為漢族男性移民的娶妻需要，許多平埔族原住民也都跟著纏足了。

在雲南，母親對著女兒說「不纏足，以後嫁山上的人」。山上是屬於苗族、黎族等少數民族生活的地方，生活較為清苦，女兒怕過苦日子，沒有不乖乖的纏足。纏足的元配在家中有助於家庭的穩定，一千年來中國經濟重心南移，由農牧混雜的農產經濟，步入了農業與家庭手工為主的農產經濟，配合海上長程貿易的興起，纏足婦女在家庭中穩定的生產能力「慢腳快手」，成為這個一千年來社會經濟繁榮穩定的因素。

風行千年纏腳的風俗還是結束了，當年的年輕人迷失在腳小就是美的迷思下，整個社會幾乎都一致蜂從，但今天是不是也同樣有人迷失在美貌、學歷、家世，而不自知嗎？解放纏足運動時出現的「不娶『小腳』婦女胸牌」、「結婚後保證放足的結婚證書」反而是娶妻選腳很好的例證，代表在解放纏足運動推行時，有很大的阻力來自女性擔心不纏腳會嫁不出去。

绩女

贵生

……生闻之，喜，具香烛而往，入门长揖。女帘内与语，问："君破产相见，将何以教妾也？"生曰："实不敢他有所干，只以王嫱西子，徒得传闻，如不以冥顽见斋，俾得一扩眼界，下愿已足，若体各自有定数，非所乐闻。"忽见布幕之中，眢光射露，翠黛朱樱，无不毕现，似无帘幌之隔者。生意炫神驰，不觉倾拜。

……拜已而起，则厚幕沉沉，阒声不见矣。惆怅间，窃恨未睹下体；俄见帘下绣履双翘，瘦不盈指。生又拜。帘中语曰："君归休！妾体倦矣！

《聊斋》故事——〈绩女〉。

贵生

《第185》51-2

《绩女》(7)——贵生破产相见

09-09-09
8-5
墨兴典

妻妾成群

　　纏足建構在一夫多妻、一妻多妾的制度環境下。一夫多妻一直被認為中國舊社會最腐敗的象徵，但到底什麼是腐敗，與纏足的腐敗到底那件事對社會產生更多不良的影響，我們不知道，但是腐敗的一夫多妻與腐敗的纏足倒是同時存在的。

　　有許多種不同形式的一夫多妻，比較常見於官員、富商、縉紳等，他們一方面為擺氣派；一方面為繁衍子孫。一般家庭多娶妻妾恐怕是著眼於沒有子嗣，所以陸續娶多名妻妾，看來與多交群戲比較有關的是「媵」，「媵」是贈送的意思。先秦時，諸侯娶他國女子時，女方國君都要贈送幾個女子作陪嫁，所以媵的地位只能算是妾。也就是陪嫁女收為妾，媵與女主人之間本來就關係曖昧，所以容易出現多交群戲，也就是多交群戲與陪嫁女的制度有關，這一種制度在台灣清代很盛行。有許多例子是娶了「小腳」的妾來滿足男人的性慾，往往元佩夫人並沒有那麼小巧的腳，有許多的例子看到有名的「小腳」嫁入名人豪門為妾。

　　一夫一妻多妾的家庭制度中，夫、妻、妾各有其責任與義務，而對丈夫來講，滿足妻與眾妾們的性需求，就成了他責無旁貸的義務，這也就是為什麼古代的「房中書」會對男性建議應「夜御數女」，並花大量的篇幅來強調使女性達到性高潮的重要性，纏足使女性多一個性激發的位置，也可以說是多了個性感帶，使得性生活不單單只拘限於陰道的接合，也不限於只有男女兩性之間的接觸，而讓其他諸妻妾相互之間，也有更容易滿足的性生活。

　　一對一的性遊戲演化成為一群人的性遊戲，讓性遊戲增加了許多新的情境、方法與趣味。一夫多妻產生的多交、群交的現象，在西方社會或現在來說，或許是一種荒誕不經的性交方式，但建構在當時一夫一妻多妾的社會體制上，和建構在三寸金蓮的腳淫的認識下，這樣的行為當然可以了解，因為它當時有存在的時代性，而不會被視為為那麼荒唐。在多重男女混雜或一男多女的性生活中，纏足如何扮演重要的「性」角色，它讓女性多增加一個「性器官」，可以讓其他人參與性行為。

妻妾成群的家庭，
衍生出許多集體情
趣遊戲。

許多的秘戲圖、春宮畫顯示明代即有群交的大量發展，依各別不同角色扮演，來增強性行為的趣味；3P、4P應該是明代常見的性行為方式，在一夫一妻多妾制的環境，恐怕不是如清皇室所採用的抽牌輪流的方式，滿州人不了解一夫多妻如何敦倫，才會用抽籤來做愛。除了床上集體的床戲，我們可曾注意到清代還有一個自詡為「香蓮博士」的文人方絢，他傳世作品共有五種：《香蓮品藻》、《金園雜纂》、《貫月查》和《採蓮船》、《響屧譜》，這些作品最早刊行於光緒末年編的《香豔叢書》，後來姚靈犀將這些作品收入《采菲錄》初編，內容有些刪節改動。其中《香蓮品藻》則把小腳劃分為五式九品十八種，《貫月查》則仿鞋杯行酒，據史料記載，自宋代開始，在許多妓院的歡宴中流行起一種「行酒」遊戲，狎妓的嫖客把酒杯放入妓女的小腳鞋裡來傳遞、斟酒、飲酒。估計與現代流行的「人體宴」有得一拼。《採蓮船》則為投環行令，都是在妓院作樂的遊戲規則，《金園雜纂》多半收錄與小腳相關的謎語。《響屧譜》，「響屧」的字面意義為「發出聲響的鞋子」，引申為當一個美女穿越走廊時，小腳上高底鞋發出的響聲。《響屧譜》是一種棋戲圖譜，以鞋子形狀的棋子為戲。方絢的五種著作中的多數情趣遊戲，其實是「集體情趣遊戲」。這與傳統的一對一式性愛方式或調情方式，有根本上的不同，纏足的足戲從元代的鞋杯遊戲開始，就已經是集體的「群戲」。

仔細檢討中國幾千年來的宗族結構，如果大家庭，複雜的家庭、家大業大、人丁旺盛仍然是中國人的普世價值，如何讓妻妾成群的生活在中國人心中成為一種負面的評價。纏足風俗牢固，也使得中國人不易去探求一夫一妻的價值，從而讓中國人推進到家庭、家族的革命與形成落實小家庭制度，進入現代化的家庭形式。

男人纏足

纏足成為女性的特徵；女性的外在性徵；女性的教化；女性在婚嫁上的重要條件。但是纏足並不是女性的專利。有些男性借纏足來探討異性的世界。男人纏足與性倒錯、性別認同錯誤可能有些距離，有時反而像是男人想藉此尋找通向性高潮的路吧！

1. 宋代以前就有男性以布帛包腳的做法，這種包腳就像是穿襪子一樣的意思，一直到民國初年許多男性還是習慣這麼包腳的。

2. 另一種包腳有點類似滿州婦女刀條的纏裹，這在北方男性穿鞋前有些地方有這樣的風俗，連滿州旗人的男子也這樣做，讓腳掌前面長期緊裹使腳掌較瘦，有些還會纏到讓第二趾疊在拇趾上面。

3. 第三種是男子看了女性裹腳興起好奇嘗試性的裹腳，以體會裹腳的感覺，尋找女性身體的感覺，也連接性感、性興奮、性高潮的途徑。

4. 第四種是扮異性癖，傳統中式服裝無法顯示男女身材造形的不同，纏足後產生纖細拘謹的步態，讓人清楚看出他的外在性別角色。現代變性人以製作改變外生殖器，服用女性荷爾蒙，隆乳來達到性別造形的轉換；纏足的時代，男性則是以纏足造成身姿造形的持續性改變，配上女性的服飾達到扮演異性角色的目的。

5. 從小被當女性培養，在家族社會的環境，家長長輩父母掌有絕對的權力，除了可以幫家中女性纏足賦予她清楚的第二性徵外，有時基於種種風俗環境特殊因素，會將男兒當成女兒帶大，幫他纏足並賦予他不同於自然與生俱來性別的外在賦予性別。

6. 成為男伎、相公、倌人，明代中末期開始就有人以男童，從小培養，纏腳妝飾如女性，提供男客另一特殊的性服務，在明代來華的傳教士的記述中，就曾提到北京有上萬的這種從業人員，到了清代，有時因為政策禁止官員狎妓女，反而讓這種性別難以定位的人所提供的特殊的性服務，更加昌盛。

7. 舞台扮相，清代前期政策性的禁止女性登台演戲，許多戲劇中的女性角色只能由男性扮演，他們用踩蹻的方式行走，訓練步姿身段，仿效女性人物唯妙唯肖，讓人莫辨雌雄。例如京劇大師梅蘭芳以一個大男人扮演楊貴妃、林黛玉，被稱為「比女人更女人」的男人。歷史學者唐德剛在〈梅蘭

芳傳稿〉一文中，一開頭就說：「如果男性之間也有一個人可以被稱做『天生尤物』的話，這個人應該就是梅蘭芳！蘭芳的名字不用說將來是與中國的歷史同垂不朽了。但他之所以能垂名史冊，不是因為他實為今日的『人大代表』；也不是因為他曾經立過什麼『功』、什麼『德』足以造福人群，而是因為他能以男人扮演女人的成功！」。

明代末期，有許多男妓，以肛交滿足男客，也是以纏足來愉客。明代男人纏足見於陸容的《菽園雜記》中，記錄過一個離奇的騙婚案：「又有幼男詐為女子，傳粉纏足，其態逼真。過門時，乘其不意，即逸去。成化間，嘗有嫁一監生者，適無釁可逸。及暮，近之，乃男子也。執於官，並其媒羅之。有男詐為女師者，京城內外人家，留教針黹。後至真定一生家，生往狎之，力辭不許。生強之，乃男子，遂繫之於官，械送京師法司，奏置極刑。此皆所謂人妖也。」在明朝成化年間，有一個監生娶了一個小美女，開心得不行。洞房花燭夜時才發現，小美女居然是男的！人家還非常敬業，從小纏足做SPA，膚白貌美，楊柳細腰，不脫衣服完全看不出來是男的。本來想趁亂捲款潛逃，沒找到空隙才露餡了。監生氣得要死，把騙子和媒婆一起告了官。很多初到京師的外地男人都被騙過婚，相親時是美女，娶到手的卻是男人。因為人生地不熟，像監生一樣遇到職業騙子的也不少。沒等入洞房，人家就捲款潛逃了，人財兩空。

可見纏足是一種社會化的性別認同，成為社會對男女性別的分野，纏足就像是時空轉換機，像是男性通向異性世界的蟲洞。

女兒國、女性世界

理學中男女授受不親的規範，不但造成了男女間正常社交的困難，也形成「男人的生活圈」與「女人生活圈」這兩個性質截然不同的社交生活方式，兩個不同的生活圈。男人生活圈受到文人、史家的重視留下了較完整的歷史記錄，女性生活圈就成了歷史上的謎。如果性的感覺不是從兩性相對不同的性器官感覺而是一種肢體感覺，那麼女性與女性之間對纏足的肢體感覺的體會，恐怕不低於男女之間的瞭解，這樣的性感覺趨勢，使人類正常的男女社會組成改變，使女性間的親密度增加。

中國特有的女書，女性不落夫家，《紅樓夢》裡的眾多金釵互動，都是很特殊的女性生活世界。女性生活圈可能是婆媳、妯娌、姑嫂、姊妹、主僕、母女、手帕交、姊妹會，形成了緊密的共同生活圈。纏足是一種把男女兩性分隔的風俗，女性固守在家鄉家園，尤其是上階層富裕家庭，比較有能力發展的婦女，因為更嚴格纏足，反而固守家族家園之中，只有男性受到較少的羈絆，可以海闊天空，到處生活。

美國社會學家愛德華・A・羅斯（Edward Alsworth Ross）在一九一〇年來到中國，從華南地區到華北地區再到西南地區，用了六個月時間，一路行來一路問，一邊感受一邊思考，寫下了他對中國和中國人的直觀感受和理性思考。他從身體素質、民族性格、生存現狀、工業發展、禁煙運動、中國女性、宗教信仰、西部中國和教育方式這九個層面記敘並分析了中國社會當時的生活狀態，這部訪問筆記 *China in E.A.Ross's Eyes*（《E. A. 羅斯眼中的中國》）中寫道：「來賓不是男女同座，而是男人們在一個房間，女人們在另一個房間，福州地區他們的風俗是禁止丈夫在公共場所與妻子說話的。有點地位的女人只能坐在封閉的馬車裡或鋪著墊子的轎子上，她們一生大部分時光都是在高牆內度過的，親屬以外的人基本不認識，生活園子本來就小，隨著歲月的流逝越來越小，小到於無，對外面的世界漠不關心，化化妝、吸吸鴉片、偶而與幾個女友碰碰頭，與族人聊聊，這就是她們全部的生活了。」

女人群聚的工作、煮飯、洗衣、縫紉、刺繡在這些工作中女人互相為伴。家庭經濟生活使婦女成為固定的生活伴侶。纏足把女性放得更近，不只是婦女間距離拉近（同族婦女緊密接觸），而且婦女間產生了共同的感覺欣賞世界、欣賞服飾、欣賞女紅、欣賞小腳、欣賞身體、欣賞肢體感覺，這有點像男人的詩社互相唱和、褒揚、欣賞、愛憐。

湖南江永地方可以說藉由女書把婦女的社交延伸到鄰近的鄉鎮，成為一種有組織結構的女性社交圈，這個社交圈擺脫了男性支配的模式，是少數被人深入研究過的模式；我想原來南方少數民族本來就有不一樣的女性社交形成，這種社交活絡度遠大於漢族婦女間的往來，當這些民族融入了漢族纏足婦女風俗後，原有的婦女社交圈會做出不一樣的修正而存在，也許有些用文字（女書）有些用祕密組織（金蘭會），有些用宗教（白蓮教）有些用職業（蛋民）有些用生產（紡織）有些用聚會（洗腳節、賽腳會）這些組織活動對男性為主的漢族社會都是非常陌生的。很多的照片顯示女人與女人之間非常親密的身體感覺與親密的身體動作，這都不是現代人所習見的。

每個家族的女眷形成了一個生活圈，共同分享持有這一套纏足的祕密，每個方言文化圈更形成一個更為堅固紮實的婦女文化世界，在這個密閉的世界內成為婦女服飾的流行圈，這個圈子是密閉的，是不與其他家族共享的，是不與其他方言文化交流的，除了北京與各大城市有較多的女性文化交流，各地方言文化都是獨立的女人世界。纏足婦女互相扶持、互相研究小腳、互相讚美並比，這樣的婦女世界是建立在更近距離的了解上，婦女間直接的接觸，體會的是更深的相互身體感覺。

女性生活圈，形成了緊密的共同生活圈。纏足成為女性間共同的經驗與語言，有太多的體認與感覺欣賞，只有女性之間能互相體會。男人對小足的欣賞與女人間的欣賞角度是不同的。纏足產生了女人間互相的祕密，像詩詞歌詠在男人間互相欣賞一樣，小腳成為女人間互相讚賞的焦點。

小腳妓

在過去「妓」是個綜合性的名詞，包括今天很多的服務業、演藝人員、歌星、舞者、性交易者、酒女，按摩女、導遊，這些兩性接觸較開放自由的服務業統稱為「妓」。

中國恐怕是古今中外史上妓業最具規模發展的國家。明代甚至以官府力量，成立官妓讓它成為一種規模嚴謹的企業。明朝中葉以後娼妓越來越多了。根據明朝謝肇淛（1567~1624）《五雜俎》的記載：「今時娼妓滿布天下，其大都會之地，動以千百計。其他偏州僻邑，往往有之，終日倚門賣笑、賣淫為活，生計至此，亦可憐矣！而京師教坊官收其稅錢，謂之脂粉錢。」從明代到清代，我們看到中國特殊的企業化的妓業形式，這在世界各地是少見的，這樣的妓業源於宋代「勾欄」、「瓦舍」當然這也是宋代早期纏足開始興起的地方，「纏足興起於妓家」。纏足源自貴族宮廷的享樂，由舞妓樂妓的模仿成為妓女纏足的開端。妓女樂戶是早期社會較低層級的身分，藉由纏足進入上層高階社會的環境，對妓女而言纏足的改變對她的人生是非常明顯重要的。清代袁枚在〈答人求妾書〉中說：「今人每入花叢，不仰觀雲鬢，先俯察裙下。」

唐宋以來的樂籍制度讓娛樂業者成為低賤的工作，一直到清朝雍正時代才廢除了延續一千多年的樂籍制度。纏足文化從宋代開始就是在宮庭、豪門、貴婦、歌舞妓間流行，豪門的姬妾也逐漸效法，這是說纏足，歌舞妓本屬於豪門的娛樂，而不屬於平民百姓。在宋代自稱「奉旨填詞柳三變」的柳永，他一生「忍把浮名，換了淺斟低唱」，他的詞作幾乎可說都是寫娼妓的，他很用心地把娼妓的天生麗質、色藝雙全、乃至心理情態，都作了相當深刻的描繪。藉著歌詞來介紹妓女的歌聲舞姿，甚而把他們的名字嵌在詞中。像這首〈柳腰輕〉：「英英妙舞腰肢軟，章台柳，朝陽燕，錦衣冠蓋，綺堂筵會，是處千金爭選顧香砌。絲管初調，綺輕風，佩環微顫。乍入霓裳促偏，逞盈盈，漸催檀板。慢垂霞袖，急趨蓮步，進退其容千變。算何止，傾國傾城，暫回眸，萬人腸斷。」首句就點出贈給歌妓「英英」的，並把英英的身材、舞姿、作了一個細膩的

描繪。到了明清時代妓女分為許多層次，與宋代的情況類似，纏足
妓女一直屬於高層的妓女。

纏足妓女的角色與地位，顯然不同於今日唯性享樂提供性服務
的妓女，早期宋代的「小腳」妓，是妓女中頗高身分的，她們代表
一種恆久的才藝與訓練，較像是藝人，甚至是藝術家、公眾人物、
娛樂明星。妓女以纏足製造高貴形象，就像現代藝人以衣飾、排
場、造形塑造形象一樣，那種形象的魅力一直很清新的印在眾人心
中，但卻很不容易具體的形容描寫，頂多用詩文迂迴的形容。對妓
女來說擁有「小腳」，像是擁有不可多得的財富。

妓業像是娛樂事業，一個比較靈性的兩性交往方式，清代許多
文人也看出妓業衝擊真實人性，爭相寫出許多發生在妓館中的故事
來描述兩性關係的細微之處。到了清末公開表演的妓業（「小腳」
舞妓）式微沒落，這是纏足無以為繼的重要原因，這等於一個流行
失去了新潮流行的價值意義。宋代妓女纏足鼓動風潮創造千年的流
行；到了清末民初，有些舊時代所稱的妓女，藉由新興娛樂媒體的
塑造宣揚，搖身變成花旦名伶，她們能多方面呈現藝術的魅力，不
必太著重於纏足所造成的身姿造型，比起過去的妓女，她們具有更
強的引領風騷能力，她們海派、洋派的妝飾，創造新時代的流行，
也促成纏足風俗的終結。

抱小姐、愛奴

纏足的發展到了清代中期出現了非常極端的發展，記述在李笠翁（李漁）「閒情偶寄」中云：「宜興周相國以千金購一麗人，名為抱小姐，因其腳之小至寸步難移，每行必人抱，是以得名」。近人秦軍校在《終結小腳》一書中表示，在漠南陝甘地區，有許多爬在地上，要用棍，扶棍行走的「小腳」婦女。

抗戰時期，蔣經國有過一次西北之行，記下了他見到的情景「人家說三寸金蓮，她們真的連三寸都沒有，她們終年不能走路，只能在地上爬，但是她們依舊要到田裡去拔草、做工，去的時候，由她的丈夫背去，坐在田裡，晚上回來，再由她的丈夫背回來」。名作家柏揚也曾寫到在河南看到纏足婦女在街旁爬行，在筆者的收藏中有許多五公分左右的「小腳」弓鞋。可以想見這些女人主要的生活範圍被限制在炕上、閨房內，真的成為固守深閨的女人。走出去是那麼困難，我們很難預期她們會常有外出的行動，那些在室外被看到的抱小姐（愛奴）毋寧說是不小心的意外邂逅。「纏足極小，寸步難行，行必人抱」，這不就是「愛奴」的真實版。

抱小姐的出現挑戰纏足發展的路線，到底小是小到寸步難行才是最頂級的「小腳」，還是小到步姿曼妙才是最頂級的「小腳」。這樣的抱小姐得有多少人扶侍，才能成為「愛奴」。終究這些「小腳」女人，為了追求更高峰的「小腳」表現，奉獻了一生，成為不折不扣的性奴或愛奴，終生只能在地上爬，到那裡都要人抱，喪失行的自由。好好的來討論為什麼腳小到寸步難行的「小腳」女人反而是價值連城，極小的「小腳」，將纏足世界虛偽面相戳破了，「小腳」不真是要走的娜娜婷婷好看，原來在性的絕妙深處，還有一種最強烈的渴求，近乎變態的渴求，那就是當「小腳」小到極致時，會產生什麼樣的性神祕，更強烈激情的性衝動與性滿足會出現嗎？

纏足婦女穿睡鞋，睡鞋無底本來就不用來走路而是在床上展現雙腳的技能。足雖小至難以步行，但床上功夫相對特別突出。一夫一妻多妾制下，讓男性可以增加一種純性愉悅的選擇，也讓抱小姐

腳小至行動困難，行必人抱，柔弱虛軟無力的小腳美女，成為性幻想中的絕妙境界。

能在大家族中得到長久生存的機會，這種選擇脫離了夫妻互相扶持建構家庭的基本婚姻架構，走上浪漫、淫慾的性刺激取向，抱小姐也以犧牲更大的身體行動自由，來換到了進入豪門侈華生活享受的機會。

婦德、女教

　　纏足是一種野蠻的身體風俗，還是一種高尚、節制、典雅，嚴格禮儀下的生活社會風俗。南宋出土纏足僅現於官宦世家，代表當時具有一定的社會地位象徵。

　　中國是衣冠的民族，華夏一直有以衣飾區分種族、文化、夷夏，也以服飾差異來做為統治管理的依據，所以纏足成為禮教、教養、教育、教化、同化的手段。和科舉制度，和儒家理學制度一般，嚴肅的說纏足將婦女的行為舉止、生活儀態、人生目標等等齊一化了，成為一種強烈的社會標準，與人生準則，成為女性一生無法掙脫的窠臼。民間素有「嬌男不嬌學，嬌女不嬌腳。」的說法。比較要注意的是從宋代到清末千年來女教或婦女律法、社會風俗並不相同，但纏足如故，纏足反而成為核心價值，甚至以纏足推出更多的社會倫理規範。纏足成為女性間重要的標準與密碼，成為女性世界重要的祕密，我曾經訪問多位思路開闊的老一代婦女，她們對纏足充滿了高度嚴肅的使命感，那些嚴格的規範與教義就像社會教育、禮儀教育。

　　在名製作人包珈的講法中，纏足的婦女充滿了道德與禮教的責任，這是一個女性文化人的觀點，原來在纏足的世界中，原動力是來自於道德與女教，這是一個很重要的教義，有這個教義讓纏足可以傳之久遠，但這一個教義卻鮮少見於文字記錄中，從女書的出現，可以發現纏足的時代是一個男女兩性分治的社會，女性的道德家規，以另外一個形式體系傳播，與男性的學堂、家祠、公堂廟堂不同，女教有不同的地點，重點與方式，這一套女教維繫了婦女間的道德倫常，也維繫了纏足的延續。

　　如果說纏足是一種宗教，這一宗教的目的充分的表現在弓鞋繡花圖案上，充分的表達了中國人人生追求的目標，這些目標沒有透過宗教或政治的宣傳，在男性的探討中也不是那麼主流鮮明的目標，可是這些祈求卻成為女性很單純的目標：福、祿、壽、喜、如意、平安、步步高升、萬事如意、雙錢如意、富貴花開、多子，吉祥如意，就是這麼簡單的人生目標。與男性間標榜的忠、孝、節、

義，道德倫理，生活哲學，女性的「纏足宗教」顯得非常單純，非
常道教—也許這就是中國一千年來女性的期許，無為恬靜但對未來
充滿了幸福的期待，有若道家無為的哲學。

纏足過程中所體會的各種感覺，可以說是對身體，對性體會的
學習，也可以說是對身體感覺學習的開始，學習忍耐，心平氣和，
平靜，守本分，禮儀規矩，服飾舉止。這種感覺透過纏足過程，更
容易進入核心的了解，遠勝於書本學習和其他各種生活教育方式，
這可以說是女性的身體學習。

妝扮的權利

為什麼只有女性能打扮？從什時開始身體打扮成為女性的權利？男性受到嚴格的服飾規範，女性反而擁有妝扮的自由。服飾成為教化的指標方法，唐代好像還有許多美男子，到了明代那些美男子就成為男伎。

妝扮包括服飾、佩飾、化妝與身體改變，這些在男性身上成為階級身分的象徵，在女性成為娛悅、誇飾與藝術。在妝扮的自由下產生服飾的大躍進。紡織品成為女性自由操控使用的東西，可以自由的妝扮。纏足顯現出女性製鞋的自由。

在這一千年當中，女性較男性更為重視關心了解自己的身體，想改變身體，也想妝飾身體。纏足文化賦予女性更多的身體改變（就好像男人有更多的知識哲學改變、文字書寫訓練），及為妝飾自己花費更多的心思。

做為服飾的身體寫的是纏足也是一種服飾妝扮。醫療、服飾、妝扮、脂粉、耳環、穿紅戴綠、頭髮妝飾、纏足、束腰，成為女性的特權，男人的衣服都像制服。

不纏足的男性，看似有更多的行動自由，但男性的服飾妝扮一成不變，不像女性擁有非常豐富的衣飾與足飾，尤其是足飾，不論是弓鞋、藕覆、腿帶，花樣繁多，式樣各地不同，纏足婦女本來就具有極大的自由妝扮的權利。這項權利與清初男性剃髮能強制執行，女性放足卻不能執行有相當的關聯性。

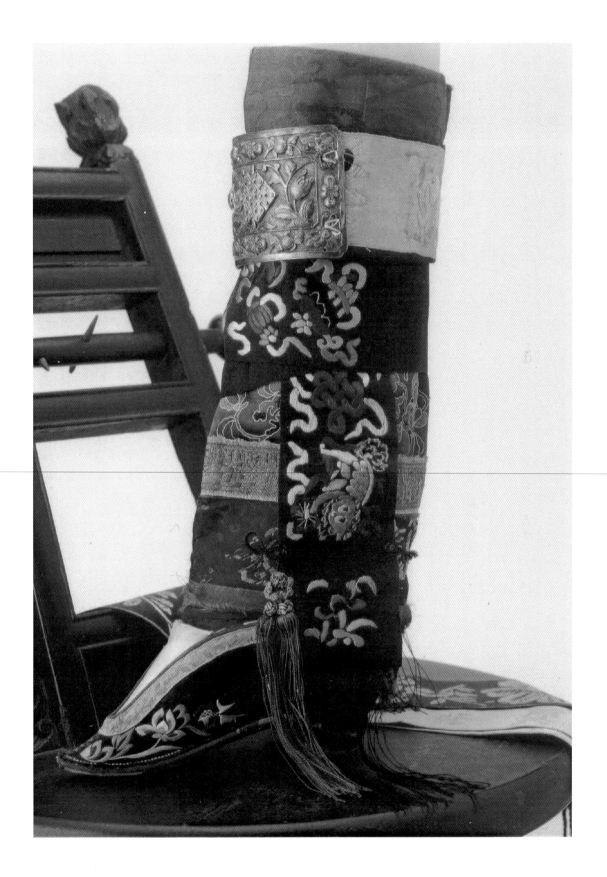

性教育與纏足、春宮畫

有一種「嫁妝畫」，即寬約五、六寸、長約二、三尺的畫卷，上面有不同姿勢的男女交合，女兒出嫁時，母親以此置嫁妝中，由女兒帶至夫家，新婚之夜掛於帳中照此去做，春宮畫悄悄的藏放在嫁妝箱底，所以也叫「壓箱底」，平時怕被人看了尷尬，因為火神祝融怕淫穢之物，春宮畫足以避火神，以免嫁妝招回祿之災，也有個理直氣壯的名稱，就叫「避火圖」。東漢張衡的〈同聲歌〉描寫了女性在洞房花燭夜時的經歷與心情。其中寫道：「衣解巾粉御，列圖陳枕張。素女為我師，儀態盈萬方。」其中提到的「列圖」，即指鋪在枕席之間的春宮畫，展示各種性愛的姿勢，以便新婚夫妻，照圖演練。春宮畫是以性愛活動為主題的繪畫作品，不僅繪以性愛過程，有些還描繪了房事前後的情景，如男女之間嬉笑、調情、愛撫和親吻等性行為。除了給人借鑒之外，還有助情的作用。

有些地區，女子出嫁前由伴娘面授，或由小姐妹教她唱有性啟示內容的歌，給她看有性啟示內容的書，以上這種教育都是在「母一女」或「女友一女」之間進行，而不在男子之間進行。當時男性貴族子弟在「辟雍」（古代的一種學宮）裡面學習作為一個貴族所需要的各種技藝，在課程中居然還有性教育。但正如，漢朝班固整理編輯成的《白虎通德論》（簡稱《白虎通》）所說：「父所以不自教子何？為渫瀆也。又授之當極說明陰陽夫婦變化之事，不可父子相交也。」可知當時性教育課程只在學校進行而不能在家中進行，意思是父親不能教自己的兒子，這樣會顯得輕慢而不嚴肅。

相傳黃帝時代有三個神女，分別是素女、玄女和采女，三姐妹用性理論和身體向他傳授了房中術，其中素女擅長音樂，著有《素女經》。由此可知傳宗接代的責任在女性身上。看來性學的傳授是陰性的，是屬於女性閨閣間的學問。

纏足在於增加性魅力，提高性吸引力，為出嫁做準備，為生育做準備，男人只讀治國平天下的大道理，性知識成為女性該準備好的知識。避火圖不也是嫁女兒帶去的嗎？也就是上面所說的「嫁妝畫」。妻子要對丈夫盡許多義務，第一義務是為丈夫生兒育女「事

宗廟」、「廣繼祠」，第二個義務是為丈夫恪守貞操。

密教在蒙古人的統治下確實很興盛，高羅佩就說元朝時，藏密在皇宮內院尤為興盛。元朝總共有十五位皇帝，儘管他們都是蒙古族，但無一不信仰藏傳佛教，皇宮裡也經常舉行各種佛事活動。中國的房中術不但不是仿自印度，反而正是密教房中修練的源泉。密教神像的作用，完全如同房中書中的插圖，即用於傳授性交方法。明朝陶宗儀《輟耕錄・房中術》：「今人以邪僻不經之術，如運氣、逆流、採戰之類，曰『房中術』。」亦省作「房術」。高羅佩說把「房中」一詞理解為「女人」之義是非常錯誤的。

一直有人提出繡有春宮畫的弓鞋，但卻不得而見——姚靈犀的《采菲錄》有寫。春宮畫源自於性教育或健康教育、體育的圖畫，這種圖畫被當作情趣品。西洋的淫畫以女體身材或豐滿的肌膚，來表達表現豐富的身體感覺，中國卻大量的以各不同的姿勢，來強調性姿勢的多樣化趣味，這種姿勢的多元化，也是讓漢民族尋找其他性接觸方式的思想源頭。春宮畫不是以肌肉、身材、表情來做為助性的條件，而是用各種不同的性交姿勢，春宮畫中小腳幾乎是不可免的，春宮畫似乎由明中末期興起，在宋代元代，這些性交姿勢好像還是一種健康教育或者是養生之道。

《采菲錄》中多次提到「豐鎮」是春畫的重要創作地，連女人也描做春畫（描做春畫，——從收藏的油紙確實看到他們描做的方法）。各不同的性姿勢，成為男女兩性性行為最重要的範本。根據《素女經》，這些性姿勢是對身體重要器官功能的照護養身，而不是肉慾的表徵。日本的浮世繪是不是也有這麼多彩多姿的性交姿態內容。看來早期西方的春畫是沒有這些內容的，只有調情內容。這麼多的性姿勢，與印度《愛經》中間的因果關係，不知誰早誰晚，與佛教密宗的雙修又有何關係？（印度與佛教有更廣泛的性藝術）。看來這些姿勢可以說是比較「道教」的，比較接近道教的修行。

春宮畫看來本來不是色情挑情的，本來不是男性的，比較像是女性使用的教科書「女書」，提供女性對性行為多元化的了解，開始也許不脫《素女經》的內容，逐漸演變成情趣、挑情、大膽開放的香豔內容。彩色的春宮畫片，雖然比起木刻甚或套色的春宮圖來

得鮮活，但是畢竟沒有西方油畫那種肌膚的質感來得寫實刺激。清末時雖有些春宮油畫，但人體比例的不對應，努力表現皮膚豐潤和身體衣飾的飄逸，反而無法刻畫出解剖上骨與肉的感情與力量。充其量避火圖只能說是房中術的圖畫教導而已，雖然有些配上了故事情節，還是看不出力量、技巧或性為中醉人的成分。有許多根據小腳在性行為中角色的描寫，也看不出陶醉或沉醉的表情。春宮畫是畫匠一代一代一直反覆描繪傳留下來的，所以重複性非常高，幾乎就是固定的一些內容題材。避火圖還是用木刻印的，春宮畫需要一本一本臨摹彩色畫上去，困難度高很多，自然是貴族的奢侈品，但看的出中間有許多互相臨摹的痕跡。腳在春宮圖中的挑情色彩非常明顯。這些題材較小腳挑情的文章敘述早很多年出現，我們在明末的情色書刊也沒有看到太多這方面的敘述。充實華麗的春宮畫，當年為男女留下了鮮活地性教材，留傳今日也詳實的記載下來中國特殊的性文化與特殊的纏足性文化，豐富了世界性文化。

描摹春宮畫的油紙

世家婦女出門坐
轎，連轎上窗門都
用布用簾遮掩，不
能拋頭露面，出必
藏形，纏足風俗
有利於婦女閨中深
藏。

男女隔離

　　纏足的目的也在於方便達到男女隔離。回教、儒教都很重視男女隔離，男女隔離成為許多宗教重要的教義。一九六一年，以英文寫成 *Sexual Life in Ancient China*，中文名為《中國古代房內考——中國古代的性與社會》的荷蘭漢學家高羅佩（Robert Hans van Gulik，1910~1967），以為元朝政府的把元朝官吏放在漢人村中讓村人供養，怕婦女受到官吏的性凌虐，乃造成漢人把婦女好好的藏起來，宋代以後房屋室內間隔不再只用屏風，有了房屋隔間才能產生真正男女隔離。

　　宋代開始脫離了封建制度，成為家族制度，強化了家與家族的觀念，家中男女分離一直是很重要的，男女分隔的事實是歷經長時間演變成的。南宋時代理學漸成顯學強調男女授受不親，民間傳說朱熹（1130~1200）於福建漳州做知府時，曾倡纏足婦女著「木頭履」走路有聲，強調男女之大防。元代異族統治下漢民族強調女性不該拋頭露面，出必藏形，怕被沾汙，纏足有利於婦女閨中深藏。至明代、清代纏足已成普遍社會風俗，政府政令，管制女性出遠門、遷移，只允許婦女配合政策性的遷移。台灣清代早期管制不得攜帶家眷渡台，經商貿易只有男性成行造成男女隔離。

　　男女隔離是一個強烈違反人性的規則，可是在中國社會卻能夠廣泛的達成，可見這一個戒律在中國社會中長期深遠的存在，讓整個社會很自然的接受了。這種男女隔離的原則根深蒂固一直到清末連男女校都分隔，男女工作分隔，到現在許多學校還分男女班別。

　　纏足的風俗是男女的隔離，也是男女後天性擴大兩性區隔的一種手段，一千年的風俗流行下來，兩性的生活隔離就成為普遍接受的社會規範，這使得兩性間不再具有正常的社交往來活動，為了避嫌，便成了單性各自互動的社會，不只是女性封閉的生活圈，其實在那個時代男人不也是生活在只有男性社交互動的生活圈。宋代張擇端的《清明上河圖》和清院本《清明上河圖》，汴京熙來人往的繁華大街，人聲鼎沸，絡繹不絕，看似什麼人都有，但大街上除了從門縫裡探頭出來的婦女，幾乎沒有任何一個女人走在街上，兩性的隔離到這樣的程度，那汴京的大街簡直就只能稱做「男人街」了。

十九世紀末上海
最繁華的南京路，
與今天一樣人聲鼎
沸，不同的是百多
年前，一樣寬廣的
街頭擠滿了人，卻
幾乎看不見一位婦
女的芳蹤。

纏足之美

奢華服飾、腿服飾

　　纏足創造的是奢華的衣飾使用、奢華的家庭用品、平民百姓可以使用享受奢華的生活，在食衣住行育樂上民眾可以享用奢華的用品，也從而打開了較大的消費市場，藝術不再是貴族專用，而是人人可以使用的消費品。纏足風俗出現的一千年，多數時間漢民族成為被統治民族之下，這是被統治民族所享用的奢華不是宮廷式的奢華。從弓鞋、藕覆、腿帶、腿扣環……都能夠看到精巧細膩的藝術製作，這不是奢侈品，這是平民百姓用的。政治上多次被異族統治的一千年中，政治軍事力量控制在異族手中，漢民族能夠掌握的是經濟活躍的實力，在商業行為的勾串下，漢人仍維持著高水平的生活方式、生產、細膩手工，通暢的行銷網，是千年來漢民族生存的本能。

　　弓鞋與腿飾成為女性隨身物中，爭奇鬥豔的焦點。用華麗襯托出小腳的高貴價值感，也強調婦女才藝、手藝、巧思、品味。繁華衍生於更多層次複雜的商業行為，纏足用品不是宮廷用品，不會有設計生產大師專門為纏足用品設計規畫，但平民百姓用品終究因為生活需要，奢豪的需要，產生精巧細緻的藝術造形，有自製的部分，但更多經過專業的生產、行銷、設計、創造，通過商業體系，成為富人誇耀的創作。對比民國初年戰爭中的殘破服飾，我們更可以見證纏足時代的繁華奢侈需要的是經濟繁榮，只有有錢有閒才能創造服飾奇蹟，而不是連年戰爭下造形簡單顏色簡單的民生通用鞋，這樣的鞋只能顯示纏足的醜陋與可憐，絲毫看不出當年的豐富與繁華。

　　不是戰爭的年代就進入殘破凋零的生活，要看戰爭擴展的範圍，與影響的大小，嚴格來說經濟狀況的活絡與否，才是纏足風行與否的指針。從地區來看，山西、安徽成就出晉商，徽商也讓兩地弓鞋更加燦爛。商人不就是漢人的名詞嗎？對照出各地少數民族，不管是苗族、瑤族、壯族、臺灣高山族，都沒有這麼豐富的身體文化與衣飾文化、鞋文化、刺繡文化、華麗文化、商業文化。北宋洛花（洛陽的牡丹花）、建茶（建州馨郁的香茗）、婦人腳。北宋時

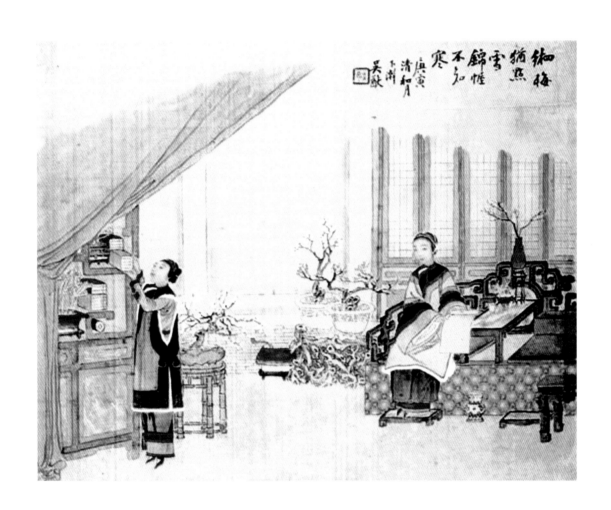

細梅
猶然
雪幃
錦帳
不知
寒
庚寅
清和月
吳献
吳州

087——纏足之美

期太平老人所著《袖中錦》中更進一步評論說：「近也有古所不及三事：洛花、建茶、婦人腳」，可見北宋時期已經把女人裹小腳與洛陽豔麗的牡丹、建州馨郁的香茗並指為天下之奇！

纏足是脫離封建、貴族、帝王系統的繁華，纏足不沾貴氣，卻是很紮實的時尚流行，是資本主義商業社會中的華麗生活。要從別的角度來看纏足的意象：這是不是中國的文藝復興？從貴族奢華進入平民奢華的時代，從宋、元時代一直到清末，我們可以很明顯的看到做為奢華藝術品的「刺繡」，從高貴有靈氣、有精神的藝術境界，逐漸墮落到變成世俗工匠的日常模仿品，到了清代末年許多服飾上的刺繡成為俗不可耐的東西。連清宮文物展，大清盛世，盛京的補服到了清末都成為俗不可耐的東西，其實不管是弓鞋、藕覆、腿帶也有出現一些特殊造型，手工精巧的設計與創作，但那些沿用舊俗的東西缺乏創新，就成為低級、低俗的累贅，刺繡反倒成為布面上醜惡的圖文。

斜躺靠椅，手握絲巾、書卷，還不忘翹起金蓮，顯示纏足婦女那份恬靜、慵懶、高貴的氣質。

美女的典範

對於女性，除了「美」的稱讚以外，另有一把衡量婦女的量尺，也就是女性數千年來自我評量的尺，它就像男性以文學、政治、軍事互相評比，女性自己評比的尺有那裡。包括身體造型標準，靜態的標準、化妝方法。奢華、扭捏、依賴等等。柔弱、溫柔、婉約、收斂、保守，成為女性的典範。裙裝展現飄逸美，褲裝展現腿飾顫抖美。

纏足風俗產生了一千年的女性型態改變，尤其是上層社會的婦女，因為這個風俗深受影響。從豪邁、奔放、開朗、自信、獨立的女性人格特質，改變成柔弱、收斂、保守、依賴的人格特質。在這一千年中，獨立、瀟灑、堅強的女性成為在社會中非常少數的特例。弱柳扶風，用扇子、手巾、水袖、衣擺飄帶、高底鞋、腳環鈴等來強調身體的動態美。

沒想到針灸所用的女性人體模型表現的卻是真實的纏足婦女身型，這與一般對人體的瞭解差異很大，原來不同的時代有不同的人型。她們竟然突然發現纏足時代所有的女人，都是圓臉。這真是奇特。削肩的婦女，乳房不可能太突出。一般普遍認定的古典美人與真正纏足產生的女性身貌特質有些什麼不同？纏足的女性是橄欖形的身材，手臂看起來也是圓的，身體也成圓形。四肢不太有肌肉。全身長骨截面也是圓的。纏足後著地面積減少，加上穿高底弓鞋，面積更小，站立時要抓到著地重心，很自然的就只能挺著身軀，不會是彎腰駝背，隨意散漫的樣子。

借用時尚工作者琳達・歐姬芙（Linda O'keeffe）對高跟鞋的說法：女人穿上高跟鞋，她就不可能彎腰駝背，因為重心前移，臀部後翹，胸部前挺，腿部顯得更修長，小腿和腿踝更有型，腳背弓出鞋外，更顯迷人。高跟鞋，促使女性的腳掌垂直前伸，這是美國性學研究者金賽博士（Alfred C. Kinsey，1894~1956）所說：「是女性發情時的典型表現。」——當腳與腿伸到成為一直線時。

沒有照相機，在外面很少見到女性的時代環境，對女性的了解唯有從詩中體會，詩裡的造形創造刻畫了美人的印像與具體形象。

滿月臉、削肩、五短身材、肥臀，竟然是纏足年代理想美女的造型，這就是當年女性夢寐以求的身形、當年中國的芭比娃娃。

對那時文人而言，詩就像相片、像錄影，一首好詩簡要的把當時情
境巧妙刻劃下來，只是說出來的映像，在每個人的腦海裡人人不
同。高羅佩以為瓜子臉是宋元以後新的審美觀，唐代是較豐碩的面
龐與較胖的身體，宋元以後變成纖瘦、瓜子臉、削肩。

當纏足是舞鞋的時代，我們可以想見，活躍、活潑、靈活、突
出亮麗、大方、自我表現，是宋代纏足女性的表情特色。從明朝中
期到清朝末期畫中的美女，一直都以一種輕飄飄、病懨懨、柔弱、
羞怯、畏縮、沉靜，做為美人的典型。這在楊柳青、照片、國畫、
小說插畫、春宮畫中都看到這個典型，而不是微笑、笑容、健康、
活力、大方、開懷、活潑、積極、健談、活躍，做為美女的典型。
反而是顫顫巍巍的美，一步步行來嬌可憐，或甚至寸步難行反而最
美。妓女（藝妓、才妓）出眾的身分、身價領導流行，是纏足普遍
化的主要推力。妓女的社會身分不高，但卻是引領流行風潮的力
量，具有更廣闊的交往，接受新的改變。

小腳的標準

　　自五代起，中國婦女盛行纏足後，就可以在筆記中看見纏足的記載，如北宋徐積詠蔡家婦有「但知勒四支，不知裹兩足」之句。陸放翁《老學庵筆記》云：「宣和末女子鞋底尖，以二色合成，名錯到底。」《宋史‧五行志》：「理宗朝，宮人束腳纖直，名快上馬。」蘇軾〈菩薩蠻〉云：「塗香莫惜蓮承步，長愁羅襪臨波去；只見舞迴風，都無行處蹤。偷穿宮樣穩，並立雙趺困，纖妙說應難，須從掌上看。」由此看來，在宋代一般人已經把小腳看成是最美的裝飾了。

　　研究小腳最到家的是清朝的方絢，字陶采，又號荔裳，他曾仿張功父的《梅品》體裁，作《香蓮品藻》。他把小腳分為五式：蓮瓣、新月、和弓、竹萌、菱角。又說香蓮有三貴：一曰肥；二曰軟；三曰秀。他還加以闡釋：「瘦則寒，強則矯，俗遂無藥可醫矣。故肥乃腴潤，軟斯柔媚，秀方都雅。然肥不在肉，軟不在纏，秀不在履，且肥軟可以形求，秀但當以神遇。」他又把小腳分為十八種，他又把小腳分為九等：

　　神品上上：穠纖得中，修短合度，如捧心西子，顰笑天然。不可無一，不能有二。

　　妙品上中：弱不勝羞，瘦堪入畫，如倚風垂柳，嬌欲人扶，雖尺璧粟瑕，寸珠塵纇，然希世寶也。

　　仙品上下：骨直以立，忿執以奔，如深山學道人，餐松茹柏，雖不免郊寒島瘦，而已無煙火氣。

　　珍品中上：紆體放尾，微本濃末，如屏開孔雀，非不絢爛炫目，然終覺尾後拖沓。

　　清品中中：專而長，皙而膌，如飛鳧延頸，鶴唳引吭，非不厭其太長，差覺瘦能免俗。

　　豔品中下：豐肉而短，寬緩以荼，如玉環《霓裳》一曲，足掩前古，而臨風獨立，終不免「爾則任吹多少」之誚。

　　逸品下上：窄亦稜稜，纖非甚銳，如米家研山，雖一拳石，而有崩雲墜崖之勢。

凡品下中：纖似有尖，肥而近俗，如秋水紅菱，春山遙翠，頗覺戚施蒙瑠，置之雞群，居然鶴立。

贋品下下：尖非瘦形，踵則猱升，如羊欣書所謂「大家婢學夫人」，雖處其位，而舉止羞澀，終不似真。

據說小腳的妙處分為三等：上等是在掌上、在肩上、在鞦韆上。中等是在被中、在燈中，在雪中。下等是在簾下、在屏下、在籬下。當一雙纖纖小腳，被當時的男人在上述的九種場合「憐惜」和「撫摩」，將會帶給男人無限的神往！

古代文人為何對小腳如此迷戀？原因恐怕來自性幻想和性虐待交織起來的潛意識。從《采菲錄》、《蒪菲閒談》之類「蓮學著作」中，可發現專家們的一些獨到見解：一是認為，纖足足底的凹隙合成孔洞，可作「非法出精」（插入陰莖）的工具。二是認為，纖足並含女人全身之美：「如肌膚白膩，眉兒之彎秀，玉指之尖，乳峰之圓，口角之小，唇色之紅，私處之秘，兼而有之，而氣息亦勝腋下胯下香味。」辜鴻銘說：「中國女子裹足之妙，正與洋婦高跟鞋一樣作用。女子纏足後，足部涼，下身弱，故立則亭亭，行則窈窕，體內血流至『三寸』即倒流往上，故覺臀部肥滿，大增美觀。」（《采菲錄》）

纏足在元代、明代，一直以詩境的創造來表達它的美感，元代開始有三寸、四寸等的形容詞出現，但是對美的標準例也沒有定下範例，也許《金瓶梅》中蕙娘覺得可以把潘金蓮的弓鞋套著穿有一定的驕傲。流傳最廣的金蓮七字訣：「瘦、小、尖、彎、香、軟、正」，是一般人品評小腳的標準，看來也是清末才提出來的。七字絕的出現可能在清末北方，或就是大同，強調尖瘦的纏足方法，台灣府城金蓮的標準就很明顯的不一樣。假的小與真的小，看來明代小腳與清代福建的纏足是假的小腳，明代到清初的畫中把女人小腳就畫一個尖，很不實在的小。清代末期才有翔實的刻畫小腳的大小與特徵，而不只是一個「小」字形容。就像福建的小腳，只一味的表現虛假的「小」的像，有沒有辦法從各種「小」的畫法中，分別出那個地方的圖畫。每一個地區似乎有一個大致的標準與要求，但各家仍有不同。弓鞋纖影（筆名）說每一家關起門來都有獨特的手法。瞿說河南小腳一人一個樣。特別好的「百不一見」。小腳美

明代到清初的春宮畫把女人小腳就畫一個尖，很不實在的小，當時的畫匠並不了解小腳的造型因時因地不同，每個人不同。

醜在於：步態美身姿美、人工纏裹改造美、腳的大小長短數據、腿飾的精緻美觀，各個觀點上面互相擺盪。各人所見不同，各有重點。這是男人的標準還是女人的標準，看起來像是情色的標準，動情的標準，就推說是美的標準。

　　人工改造美化後，形成新的美的標準，重新創作製造出來的造型，人工造型美，更具有人文特色，也成為模仿創作指標楷模。以小腳為美的代表，對美的要求由妝飾、服飾、健康完整、身體比例、文化氣質，轉變成外力改變，新的創作標準，一套人為重塑的美的標準，這與現代競選整形皇后的心態並無二致。纏足制度千年以來已形成一套十分完整、完善的結構標準，對不同於這個標準的價值、形體、自動的加以排斥、壓制，對外來不同的美有害於傳統的衝擊，自動的加以抗拒。

折足腕小腳走路
後跟著地時，腳腕
同時向後拗折，讓
小腿瞬間後移，走
路時雙腿輪流向
後傾，形成前行後
頓、游移擺盪的一
種特殊步態。

蓮步姍姍

姚靈犀的《采菲錄》、與婦性有關的大型專題性叢書《香豔叢書》、方絢的《香蓮品藻》、李笠翁的《閒情偶記》當中都有對纏足步態的描述品評，方絢曾有纏足的戲謔語：「纏足似銀錢，人人都愛」，他的〈香蓮品藻〉共四十則筆記，總結得出最可貴之金蓮標準為「肥、秀、軟」，另分從上上品到下下品九等級、五式十八種類型；一般的品評標準則有「瘦、小、尖、彎、香、軟、正」；李笠翁的《閒情偶記》更把搖曳生姿的步態、回眸媚眼的神韻包括在纏足美女的條件中，賞蓮人士動用所有的感官，始有最細緻的觀察與辨識能力，雖然是將婦女如物件般地欣賞把玩，但普遍流行的審美觀念，卻無形中讓愛美的婦女，彷彿把呵護照料雙足像在雕琢藝術品般，也因自己有能力改造、妝扮而生出滿足、喜悅之情，此中已存在著積極主動性，並非僅僅是被動配合而已。

纏足是在重重裹覆的衣飾下，遠遠的透過觀看站姿、步姿，就能體會對方身體感覺的遠距情感交換。情感訊息交換方式，透著重重衣飾仍能讓人體會出她的感覺強烈狀態，從衣服裡透出來。明代仇英的仕女畫，應該解讀成為對女性印象派動態的美感畫作。與唐代、宋代相較更能顯出對人物的不同觀照。從仕女畫作中婦女步姿，看當年男性對女性步態的期待是如何？

配合解剖學各地小腳，纏足的不同，照片及文物收藏，回頭探究當年纏足婦女步態的不同。南京地區所講的婦女的一步不能超越前一隻腳的腳尖，腳愈小，邁的步伐也愈小。所以腳愈小就是急促的小步伐。——這樣才能平衡平穩的走蓮步，不會失去重心。站起來與坐下去的時候平衡身體困難，走路時反而阻力減少，用蕭陳鳳嬌的例子可以解釋，為什麼短距離行走時寧可不站起來，而是在地上爬行。在家處處好，出門步步難。纏足婦女彎腰而行，上身向前彎曲，有哪些地方的纏足婦女需要是這樣的身姿步態——用身體重力引著向前行走，最省力。彎腰雙手平衡隨時怕跌倒的步態，是西洋人印象最深刻的纏足婦女步態，這會造成什麼影響？

穿葫蘆底鞋的小腳，纏到極細，走起路來像要斷掉？（是不是

就是「走路欲折」這個形容）。各地纏足手法不同，小腳走路方式也極不同。纏足不利於行走，幾乎是一般共同的看法，但卻又不盡全然，有太多的例子顯示，纏足婦女走路更為便捷、快速及靈活，纏足婦女跳躍困難且無法邁大步行走，但以足小引成一支點著地走路，走路更見活潑躍動。

纏足最原始的出發點在於得到悠美動人的步態，腳掌束弓，腳尖上翹，以大拇趾球著地，著地較短產生拘謹的步態，同時膝蓋自然打直，行動、姿勢較為挺立。她們會有一些習慣動作，她們下床（炕）後，總是雙手撐著炕沿、床沿、牆壁、櫃子、爐台、風門，往前挪步做活。剛纏成的金蓮少婦，走路時會顯得有些艱難生澀，與成熟婦女的蓮步顯然不同，更增幾許可憐模樣。

纏足最原始的動機在於產生纖細靈活柔美的步姿與舞姿，這種身姿可以遠觀，這在男女授受不親的年代，成為少女最強烈，最具有穿透性的魅力，不需要言語，步履間即能透露少女的風姿與迷人的小腳，即便在長裙遮掩下，仍遮不住小腳的風情。纏足的目的其實就在於產生出纖柔動人的步態，這種步態是藉著身體改變，腳形改變後，再長期嚴格督促訓練而來的，可見對步態的重視，成為婦女教育中最重要的一環。

一般金蓮走路方法，可以用江南及雲南纏足婦女走路為代表，一是用腳內側走路、出力、走路用外八字走，這使小腳著地時用的是小腳內緣著地，左右側交互偏斜。有點類似溜冰時，左右腳朝左前、右前方交互跨出，以小腳內側面為施力，對側小腳接替以整個腳長做為著地緩衝，並同時由腳底剎停緩衝，順勢轉為腳身內側用力施力引導身體往對側前方行進，用大腿使小腳外旋力量推進。這是雲南及江南式金蓮走路方法，它是以大腿外轉肌來施力的。福州式金蓮，鞋跟增高、腳長減短，以全長剎停及施力的方式較難發揮，身體重心只能放在全小腳，膝蓋打直，鞋底點地，以後跟向後施力，整個腳身不必外八外轉太多，只輕微外轉，頓地式走路，小腿不太使力，小腿萎縮，因重心停剎較困難，只宜輕步前進，走快時以小碎步快速交替，左右交替將重心放在腳跟上。這是福州式金蓮走路方法，它是以大腿抬起使力，用股四頭肌來施力的。台灣台南府城金蓮，號稱優雅的金蓮步態，雖穿著高底是蓮鞋，如果練步得宜，可以充分運用腳長停剎，鞋底成船形，圓轉著地，從後面向前輪轉至腳尖，增加著地長度，鞋尖向前不像頓地、點地、著地方式，腳前後配合輪轉像一溜煙一樣的行走方式。這是台南式金蓮走路方法，身體行進較為悠雅，仍用小腿後肌使力—腓腸肌施力。山西葫蘆底弓鞋似雲南式以側面施力，但腳趾纖瘦無力，只能停頓不能施力看似「走路欲折」。弓鞋只以後跟著力較重，全鞋以布柔軟製作，腳前方僅沾地而不著力。

談一位住在雲林的朋友跟我提到的，她祖母小時候有粗細嫺兩人，粗嫺負責背她一直到六歲，都要人背不會走路，走路的訓練是漫長而精細的過程，從六歲一直到八歲才逐漸走得好。從吳秀華的《楓冷亂紅凋：葉氏三姐妹傳》一書中，可以確定南方確為以行船為主的交通環境，往往家中有船或船開入村子裡，也可以說在南方民族是依沿著河岸發展的族群，所以女性出門有舟船載負。

纏足婦女身姿較為靈活，在性行為時，常會出現現代人覺得不可思議的大腿、小腿外姿勢。

搖曳生姿、姿態改變

纏足婦女身體姿態的表現，尤其是上肢、下肢與一般人有很大的不同。姿態上的改變可以是解剖生理上的改變，可以是社會文化的改變，也可以是潛意識肢體行為的改變。

配合漢民族的穿著和絲織材料，產生更有民族特色的肢體語言，飄擺的衣飾成為漢民族婦女的服飾特色及行動特色。這一套衣飾形式歷千年沒有太多的改變，從遼、金、元、清的婦女她們都有個別不同的衣飾方式，但從北宋末年到民國初年，漢民族婦女的衣飾大致上千年維持不變，男性服飾及官服都產生很大的改變，但婦女服飾卻沒太多改變。南方呈現的是絲綢的飄擺，北方呈現的是小腳走路時身體的顫動頓挫。是不是南方才穿輕薄的絲綢，我看明代以前那種飄逸的衣飾衣褶表現的是南方的服飾形態，當然高貴飄逸的絲綢代表極端的華麗高貴，纏足則是強迫婦女呈現如此飄逸步姿，成為一種常態。（南方較熱才有絲綢穿著的可能）。

纏足就像穿高跟鞋的婦女，站立時為維持身體重心在較小的腳掌上，雙腿必須常保持直立狀，上半身動作時為平衡身體重心更須以靈活的腰部來調節，讓身體重心保持在較小的著地面積上，所以見到身姿較為靈活的運動。膝部彎曲伸直及腳掌的擺動是較少的，纏足將動作行進變成臀部及腰部的搖擺，這自然增加了身體的動感與魅力。全身衣服遮蔽下，微露的纖足成為致命的吸引力，全身寬鬆衣飾包覆，金蓮小步襯出的身段步伐，成為對男性最高強的身體吸引力。

纏足的結果使其四肢運動，顯現出更纖柔的肢體運動。這種纖柔表現在舞蹈上就是像柔軟飄逸的彩帶舞一樣。小腿纖細，雙腳瘦小、輕靈，加上纏足婦女長期步行、站立時訓練下來較強有力的臀及大腿，所以小腿運動與姿勢頗為輕靈，這種現象在許多照片中都可見到。纏足以後腳腕不再處於穩定平衡狀態的步行，而是一較為靈活多變的腳踝，這使得步行更具顫動魅力，相對的不擅靈活使用掌握這種神韻時，腳腕僵處於病態狀況下，就成了內拐外拐的合影蓮、分香蓮……等各種畸態。

纏足婦女呈現的垂肩、四肢柔細、雙手臂內翻、身體呈紡錘形、腰像是拉長了，其實是因四肢相對短小。

纏足婦女身體所見，根本變成紡垂形的身體，腰像是拉長了，但不是細腰，反而肚子多少都是凸凸的，最奇快的是所有的女人都是胖圓圓，全身肌肉圓圓、粉粉、軟軟的。而不是筋肉型的身體，更不是骨感型的身體，從裸照中看到女性非常明顯的垂肩、小肩、圓肩、瘦肩，大腿到小腳一直順著大腿肥大，一直縮小到很小的小腳，這在相片上有很強烈的特色。可以看出所有的女人那種四肢柔軟纖細的印象，四肢完全不見強壯肌肉。雙手臂向內翻垂，內旋位置。這與纏足婦女內斂個性，從事女紅手工，雙手多擺放胸前是否有關？奇怪為什麼都是前垂內翻，這當然，外旋擴展肌肉，相對不夠發達，手臂肌攣縮無力。

纏足以後到底身體姿勢上有什麼改變。纏足婦女走路用碎步，所謂「足小不能邁大步」，由此造成腿長骨的平滑。小腳走路不是用腿部肌肉使力走路，而是用腳做為支點改變身體重心運步，腳掌不是推伐前行，而是支點前行。行走或提重物不是用手提拿，而是移動身體的重心產生新的平衡，所以行走時常須扶牆以維持身體重心的平穩，纏足的結果，身體重心穩定的平面區域變得很小，這樣身體得經常為維持平衡來改變身體姿態。折腰步，這個折腰應經指的是腳脖子，但是纏足婦女經常臀部後翹，身體前傾，造成腰肢躬折的效果，同時雙手前放一種經常怕會傾跌的姿勢。弓鞋纖影（筆名）說她可以假裝「健挺大步」，是不是代表平常她只能弓蓮細步，不能邁大步。清末木版畫中，表現得楚楚可憐的美人，往往以美人扶在門框倚閥外探的姿態，我到幾個小腳婦人家中也會看到她們家牆壁上一道手扶等高的一條長時手扶痕跡，看得出她們在家中往往藉手扶以穩定身體重心身姿。秦軍校的一篇文章，提到漢南、陝、甘地區婦女出門要帶拐扙，在家中則不用拐扙。

身姿徹底的改變，纏足從腳部解剖改變，到步態改變，到氣質改變，心性改變，是非常深層的教育，影響深入且深遠。從小的纏足會讓步姿代償性改變更為深遠，腳掌步態不是只用膝蓋來代償，會有更多的臀部代償，甚至是腰部及身體的代償。全身運動方式的徹底改變，膝蓋代償像少女初穿高跟鞋膝蓋彎曲的馬腿走路方式，臀部代償形成了臀部的擺動，腰部以及身體的代償會讓步行產生全身的韻律，步行時的搖擺重心在身體的重心，步行成為和諧的律

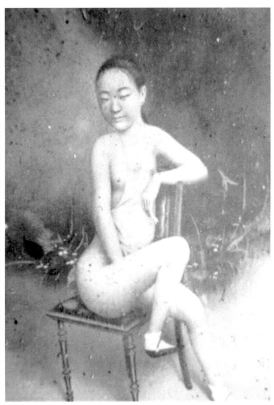

欣賞纏足婦女飄逸的身姿，為了增加搖曳動感，婦女在身上掛上各種垂飾，腰間繫上長長腰巾，行進時的飄動，更顯金蓮小腳顫顫巍巍的步態。

動。纏足的步姿改變，在元代就有許多的詩文讚揚，這是在文字上最正面積極對纏足功能目的敘述的一個理由。女人的步姿，蘊含著許多涵養與魅力，今天如此，過去也如此，這種魅力是不是中國人首創並傳至全世界。在中國有一段非常清晰的演化軌跡。纏足從開始纏的那一天開始，婦女走路步態就在於盡量縮減足底著地面積以外，更重要的一個特徵是游移不定的著地支撐點，這讓婦女身姿處在柔弱游移的動態平衡中，不是用踝關節、腳掌關節、腳弓的吸震來克服著地的緩衝，而是使用身體的柔軟與腳步足踩的平移晃動，身軀的搖擺晃動來克服著地時的衝擊，所以纏足婦女創造出小碎步、平移步，以及搖晃柔軟的身姿，以及雙手前伸維持平衡動感的步態，這像長久下來習慣於滑動、扭動的肢體動作，不是標準的四肢伸舉曲折的運動方式，長骨自然圓平，肩部削弱，這些不是腳纏小後造成的，可以說從開始纏足就走上了這一步路。

不是用腳走路是用身體搖擺帶著腳步走。艱危的步態，一看就能看出受痛苦的雙腳和身體，一步步走來卻是最吸引金蓮迷的身姿，步步展現性感，集中異性注意力，贏得男人轉頭回首的指數。只有神采奕奕，努力散發身體魅力的人，才會用心的展現步行、步態的魅力，到了年老色衰，無力生活時，反變得落魄、悽慘、艱困。同樣是蓮步，同樣是艱危的蓮步，在不同的年齡層下顯得是如此不同。今天只能見到年屆耄耋的纏足老婦，跛拐艱難步履下，當然無法體會年少時飛揚得意、生氣勃勃渾身散發出性感魅力的纏足少婦，在歷史上曾經輝煌的存在。

足以吸引人——小腳撩人

小腳散發出的性魅力與性吸引力。從宋代到清代許多詩作都掩不住描述了小腳動人的吸引力,這種被小腳「電」到的感覺,很難用言語直白平述,詩詞歌賦反而適合成為透露那個被勾攝靈魂的感受表達。

《蜀山劍俠傳》的作者還珠樓主李壽民做過一篇〈品蓮說〉,將纏足之金蓮分為上、中、下三等。上等金蓮又分三類:(一)兩足端端正正,窄窄弓弓,纏到三寸大小,謂之四照金蓮。木底弓鞋腳印在地上,似乎蓮花的瓣,因即叫蓮瓣。兩腳前頭尖銳,似乎菱角,又叫做紅菱。(二)兩腳纏得細長,狀同竹筴,叫做釵頭金蓮。(三)兩腳纏得腳底很窄,腳背平正,其形如弓之彎,叫做單葉金蓮。小腳裡墊著高底叫做穿心金蓮。小腳後蹬著高底叫做碧台金蓮。中等金蓮又分五類:(一)兩腳纏得四或五寸,其形端端正正,走起來不能勁履,腳上不出棱角,叫做錦邊金蓮。(二)兩足纏得豐隆,卻不過肥,菱角與鵝頭的樣兒,叫做鵝頭金蓮。(三)兩足纏至五寸以外,卻也十分周正,翹起亦可以把玩,叫做千葉金蓮。(四)腳趾勻正,行步時成裡八字形,叫做並頭金蓮。(五)銳趾外揚,行步腳尖向外,成外八字形,叫做並蒂金蓮。凡不屬於上、中兩類的金蓮,即不值一談矣。

小腳傳播風情與氣質,是無名的傳播,是人類身體語言的呈現。女性成為被追逐者,男性成為追逐者,女性散發出誘人身體語言,男性則以行動。龜奴肩上的妓女魅力全在小腳上。也許是小腳上隱含的神祕文化意涵與文化動力,女人的意志與堅持,更讓人回味與感動。小腳成為可以伸出去的挑情部位。讓女性在床上增加無比的風情與魅力外,它還是能主動投懷送抱,被底勾春的。重重衣飾包裡下透的出去的風情,反而是層層包裡的小腳。小腳的風情藉由身姿、步姿、手姿、身體重心,在隱約的維持中,隱隱的透出極小的支點,微細的支點可以從重重衣飾中透出來,透出誘人的吸引力,透出誘人的風情,也透出肢體的感覺,不要講出來,一看就明瞭,成為最鮮明的目標。

小腳是可以伸出去的挑情部位，讓女性增加無比的風情魅力。

小腳像是極端特殊的藝術品，具有鎮攝作用，是精幻文化力量焦點總結，是人工創作品。看來有許多選美是由裙底簾底的小腳予以評比，將美的標準侷限化在小腳型態上，而未擴及步態、身姿及身段面貌的美醜，成為純粹的品蓮。纏足的時代，對於小腳的愛戀，其實是在小腳相關的身體改變，步姿、舉止、行為、服飾、氣質、身段、談吐……等等，這些改變卻以裹腳，腳的大小改變，成為關鍵的特色，腳的大小，遂成為整個「戀」的焦點。往上看現代人所欣賞的臀部及大腿豐滿撩人的曲線的那種吸引力，纏足後腳小股大在纏足婦女身上也隱約可見。

賞蓮——靜賞

清代文人李笠翁則在小說《肉蒲團》中提出了香蓮三貴「肥、秀、軟」標準。方絢在《香蓮品藻》中也列出金蓮三十六格，即「平正圓直，曲窄纖銳，穩稱輕薄，安閒妍媚，韻豔弱瘦，腴潤雋整，柔勁文武，爽雅超逸，潔靜樸巧」。清末民初的文人陶報癖《採蓮新語》用「小、瘦、彎、軟、稱、短、窄、薄、銳、平、直」來品評，另有燕賢《小足談》認為「瘦小香軟尖，輕巧正貼彎，剛折削平溫，穩玉斂勻乾」。有太多詩內容集中在這部分。小腳女子的姿態像在詩境一般。代表這是長時間的生活文化，已逐漸體會歸納出審美的標準。賞蓮的標準是群眾耳熟能詳的記憶，成為最簡單的品第反射。可以想見大家關注的焦點。

欣賞、偷窺、鑑賞、驚豔、目睹、巧遇，都代表小腳在見面邂逅時讓對方留下得到的印象。「瘦、小、尖、彎、香、軟、正。」無一不是代表一個加工，刻意改變形成的腳形，欣賞在於改變的程度。

周敦頤賞蓮，將蓮花的神韻與氣象娓娓道來，更引申其出淤泥而不染。賞蓮成為高雅高貴的靜賞，理直氣壯，悠然自得，似乎毫無慾念、邪念，像在欣賞高雅的藝術作品。這是在纏足盛行時，將小腳的欣賞昇華到超越性的領域，進入精神靈魂的領域。如小腳規範中品評標準的悠、閑、雅。

婦女雙足自幼層層束縛，未經風霜，裹布、束襪、睡鞋、弓鞋層層保護，每天細心浸潤、薰洗，腳上皮膚薄如嬰兒，白皙柔膩，一旦解開裹布，腳上肌膚組織鬆散，軟如棉絮，這是讓男人最朝思暮想，一握銷魂的。

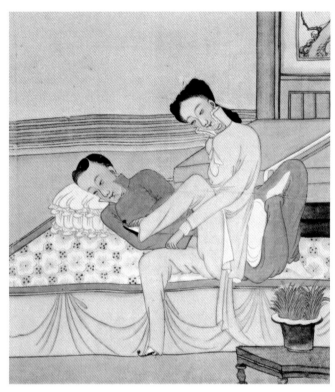

瘦欲無形，越看越生憐惜，為了表現弱柳扶風、楚楚可憐的身姿，照相時，還得將手扶倚靠，不勝站立。

我見猶憐，共同情趣

　　弱柳扶風的姿態惹人生憐、楚楚可憐。纏足婦女行路搖擺顫抖、顫顫巍巍，行一步嬌可憐。從許多的詩詞中可以見到這種主觀的感情。宋朝大詞人辛棄疾〈菩薩蠻〉有：「淡黃弓樣鞋兒小，腰肢只怕風吹倒。」看到的是一雙受到嚴密的約束，整齊的雙足。纏足把對女性的這種「憐情」感充分發揮，我看清末民初的許多小說把女性的「憐情」狀態描寫到極境，這是在長期欣賞纏足婦女環境下所產生的愛戀模式。女詞人朱淑真〈憶秦娥‧正月初六日夜月〉描寫纏足女子外出遊玩，雙足疼痛柔弱可憐的形容是「鳳鞋兒小，黛眉兒蹙」。在這種環境下兩性相愛的基礎是否產生了非常大的改變，這將影響到兩性關係的建立。《紅樓夢》寫到了清代不纏足的旗人貴族生活，曹雪芹筆下充分演繹清代社會青年男女間的「憐情」，林黛玉不就是其中最明顯的美的典型。

　　當時青年人兩性相吸引，建立在可憐上。李笠翁說小腳的用處是「瘦欲無形越看越生憐惜，此用之在日者也；柔若無骨，愈親愈耐撫摩，此用之在夜者也。」。小腳的用處就在日間憐惜，用「憐惜」建構出男女間感情的基礎，不是愛、不是愛情，也許反而是「由憐生愛」。「憐」，建構在對小腳的感覺。男女兩性對於性生活時催情焦點，共同放在小腳上，小腳成為兩性間共同的性焦點。在性行為中，必須建立兩性共同的關注焦點。共同的嗜好、關心、互動，當兩性在社交圈差異那麼大，學識差異很大，工作各有領域的情況下，在性行為時兩人建立起什麼樣的「共同情趣」。有太多的春宮畫，畫下了「執蓮性交圖」，兩性交合時，有一個共同激賞、亢奮、盎然玩味的主題。

　　民國初年鴛鴦蝴蝶派的小說，建構的還是楚楚可憐的女主角。這樣讓人生憐的女性角色，延亙於宋代到民國，成為男女之間情愫建構的重要基石，相愛不是激情歡樂，不是同甘共苦共度滄桑，不是相互扶持互相包容，由楚楚可憐而生愛憐，成為在纏足時代非常重要的性愛方程式。纏足肢體殘毀的過程，讓人驚心揪心，纏足後步履困頓，步步艱難，也讓人同情感動，但為了贏得更多的憐惜關

用身姿、表情強化那個讓人憐憫感動的印象，讓人顧盼憐惜，成為男女建構情愫的基石。

注，纏足婦女用身姿、表情、聲調、步態，強化那個讓人憐惜感動的印象，讓纏足的衝擊更為強烈。當「憐情」成為纏足時代男女情愫的建構基石時，纏足婦女很自然地在言情、身體、生活、社會關係上，表現可憐的態度，做為兩性交往和人際交往上的手段。

性感女神（腿腳的姿態）

　　在早期許多詩作上、早已把纏足婦女性感可愛之態，活靈活現的呈現出來。王實甫《西廂記》中描述崔鶯鶯留給張生的第一印象是：「行一步可人憐，解舞腰肢嬌又軟，千般裊娜，萬般旖旎，似垂柳晚風前」。如何應用身體表情、面部表情及腿腳表情來表現腳的性感，讓小腳的性感更加凸顯，這一方面集大成的始祖應算是方絢的《香蓮品藻》，他把各種性感的場景一一羅列、集大成。

　　同樣大小的小腳，因為姿態、姿勢、動作的表現，甚或纏束技巧上的表現，弓鞋飾品整體上的表現，有很多不同的吸引人的地方。纏足小腳婦女一直受到神祕的讚賞與傳誦，很少公開讓人流傳稱道，往往只有局部性的傳誦。楊翠喜或清末登台名媛算是最有名的性感女神了。那時的舞台都靠這些小腳名媛，廣招生意。明代或清初如《揚州畫舫錄》對揚州妓女很多小腳的敘述，也是以小腳成為個人特色，成為賣點，成為性感焦點。

　　明代性感的描述只在她的身姿、步姿，到了清代才有赤裸的金蓮描述。纏足一直都不是一個公開表演的時代，纏足與公開表演的文化（女性表演）是不相容的，一直到清末才出現小腳婦女公開展現，一鳴驚人，轟動一時。賽金花的躺姿顧盼自得。在清末照相術中，可以看到許多妓女以橫躺來展現腿腳的魅力，楊翠喜的照片更明顯看出個中技巧，來表現腿與腳的感情。當然除了照片，許多的春宮畫也用姿態來展現小腳誘人之處，小腳的動人魅力也在日常生活中，「被底勾春興」、「勾引君王去早朝」、「早起用腳磨蹭，晨間勃起的下體」、「用腳勾引下體挑情」、「在玩蓮時伸挑勾動瘦尖，引起情趣」、「嫻熟創造動人的步伐，藉身體擺動更增魅力」、「欲給含羞，含羞帶怯，遮遮掩掩，吊足味口」、「小金蓮故意穿高底更形光瘦顫巍巍，令人心動」、「走路柔弱飄逸，創造可憐孱弱印象」、「扶牆摸壁，搖曳生姿」、「故意妝痛足，扶牆摸捏，不勝軟弱」。

　　元人李炯有一首豔情詩〈舞姬脫鞋吟〉將纏足婦女孱弱動人的

金蓮挑情。　　　　媚態生動地描寫出來：「象床舞罷嬌無力，雁沙踏破參差迹。金蓮窄小不堪行，倦倚東風玉階立。」

須從掌上看、賞蓮距離

　　禮教那麼森嚴的時代，握著一雙金蓮幾乎掌握了少女的全部許諾，「須從掌上看」，從掌上看得到，就是擁有。除了妓女能生張熟魏，良家婦女幾乎不可能讓人輪著「從掌上看」。欣掌小腳，由遠及近，遠觀其神，觀其步姿韻味，到了手握掌上，已經破除了一切的隔閡，當然得仔細品味，好好品味。遠的時候觀身姿，再近欣賞步態，掌上欣賞刺繡，手中欣賞柔軟。細碎精巧的刺繡花樣，適放在手掌上品賞。弓鞋上小巧的紋飾，離遠一點還真看不清楚上面繡了些什麼。

　　宋代蘇東坡曾寫〈菩薩蠻〉一詞嘆纏足：「塗香莫惜蓮承步，長愁羅襪凌波去；只見舞回風，都無行處蹤。偷穿宮樣穩，並立雙趺困；纖妙說應難，須從掌上看。」代表宋時腳雖纏得還不夠小，但已常入掌中，常執掌中，腳的形態、美觀成為注視焦點，當然鞋上的妝飾、繡飾也成為誇飾重點、凝視焦點。南宋時期，還沒有把腳的肉慾，性慾感覺表現出來，但很明顯的表現出藝術、美觀上的焦點凝視。

　　北方的弓鞋與清末的弓鞋花飾逐漸才朝向整體性構圖。在那麼小巧的一雙弓鞋上費盡巧思，花費多日工時只為鋪陳出那份精緻，「繡鞋」成為許多婦女身上最細膩的藝術結晶。這是不是與廣泛的民眾可以使用藝術的文物有關，也就是藝術文物品的平民化，這恐怕是在明末發生，包括雕樑畫棟也是如此，當然進入清後期也逐漸的庸俗化，繡工圖案俗不可耐。

　　精巧的花飾代表小腳是握在男人手裡，把玩欣賞的。從李笠翁到《采菲錄》，愈來愈多種握蓮手法，握蓮竟然成為一門特殊專門的學問，從把握中體會到什麼？腳的表情──要有秀氣的表情，能表達歡喜、婉約、秀氣、羞怯、性感、緊張、害怕、傷心。性交時男女雙方使用性器官的接觸，來互相體會感覺對方的感受，用的是陰道及陰莖的接觸感覺，互相體會對方的敏感觸覺。纏足時代的手握金蓮，將這種觸覺改變成男人的手掌與女性的小腳，傳遞感覺的方式有點類似西洋人的握手傳情，只是這回包握與受握的兩方分

掌中賞蓮,握蓮傳情,把性接觸的距離拉長了,打開新的性接觸軌道。

別是男人的手與女性的小腳,藉此雙方傳遞了深情與感覺,這可說是把性行為的距離拉長了,也可以說是打開了新的接觸軌道。

晾腳會、賽蓮

晾腳會看來不像是很普遍的一種地方風俗，所以有人一聽到就趨之若鶩，遠遠跑來看。小腳一直都不是可以公開展示發表的一種作品，中國式的歌劇從明代到清代，都是用男扮女裝出現，女性是不能公開出現的，這無寧認為是婦女保護的一種措施。一直到清末才有女伶登台，在女班也不許男人同台，必須是反串男角，在這種環境下可見晾腳會受到社會多大的壓力，所以即使是雲南通海的洗腳池，已受到媒體極大的關注。

雖然類似現代的選美會，但纏足的特殊社會道德角色，僅能以觀眾極熱，參賽佳麗極畏縮的形式下完成，有觀眾慕名遠來自中國各地，比賽卻不像有任何制度章法。晾腳會這種做法一直有別於傳統漢族的隱蔽式的纏足風俗，所以只有晉北、陝西及雲南有之。稱做賽腳會可能是誇大了，現在人的觀點認為有纏足瘋狂風行的年代，理應有類似現代選美活動做類似資本主義高等性的促銷，但其實晾腳會還真不到那個層次。

宋代又出現了一種「評花榜」的現象，所謂花榜，就是品評妓女等次，逐一題寫詩詞或評語來概括妓女的特徵，以為風流快事，後來竟發展成為一種評選和品題名妓的形式。晾腳會的比美，代表小腳的絕妙是可以看出來的，可以看看就比較出來，不一定要親手握欣賞。晾腳會吸引眾人圍觀，可見小腳的吸引力。有炫耀比美的性質，有公開的性質。

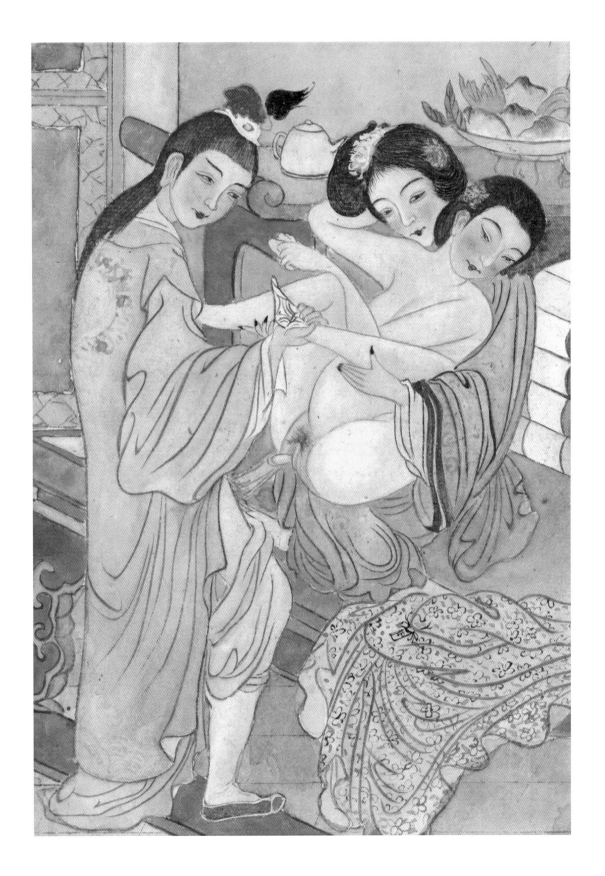

大同小腳

　　山西大同女子的三寸金蓮曾經名揚華夏，自古就有三寸金蓮「北大同，南益陽」的說法。大同在明代是非常繁華的重鎮，南宋及元代大同纏足的生活情況幾乎都沒有資料（金代可不可以找到資料？）。根據《中國文化地理》一書中的敘述大同在明代時屢遭火篩、俺答等蒙古殘餘勢力的侵擾不寧，懷疑明代初期大同纏足風俗有多盛？可能是明中後期才盛起來的，明代建七十二堡，有那些和後來纏足名區有關。研究了解大同地區纏足風俗的來源，有助於了解纏足整個是南傳或是北傳的問題。大同地方的民宅，不是三合院、四合院式的民宅，而是直接對外的。它不像江南民宅對婦女有重重的掩蔽隔絕，它也沒有外牆，內外本來就沒有隔絕，這是南方北方住宅不同之處，也必然產生不同的民俗與婦女表現方式。

　　晾腳會的風俗完全改變了漢族婦女不拋頭露面、不競爭的風俗，這在與北方關外民族接觸較多的地區，或雲南通海地區也許是比較可能出現的。

　　看來北地古式弓鞋源自大同附近，成為清中期或清早期北方重要的流行弓鞋，底極高，代表當時造作之極。清末的大同弓鞋顯然融入了山東式弓鞋的特色。這反而是山東河北傳入的風習吧？

　　大同是一個草原文化與農耕文化交界地。符合「瘦、小、尖、彎、香、軟、正。」曾經是小腳迷的朝聖地，尤其在蓮風式微的清末民初，大同成為蓮迷的夢幻地。宋代金人擄走的是不是就是大同小腳女人？有大同人告訴我，小腳的女人陰部淫水比較多，腳裹特別小的婦女，陰部也特別隆起。晉商的富裕生活確實反映在家眷婦女的小腳上。

大同小腳曾經是全國最出名的小腳，弓鞋製作更是精巧華麗。

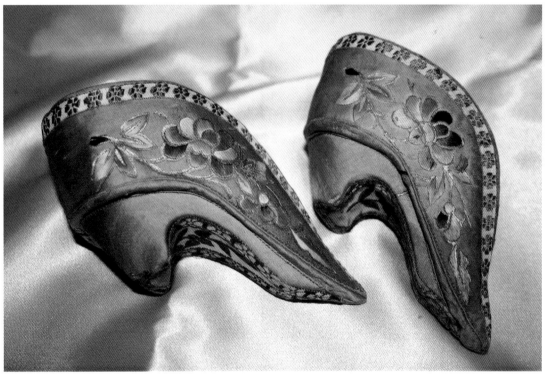

香蓮——蓮的風味

　　整天穿鞋穿襪的人的味道就夠重了，更何況纏足的婦女長期足
部用裹腳布包裹，因為足部悶著、密包著因此其味道自然更加強
烈。小腳腳掌上留下了一層厚厚的皮脂、油脂與層層脫落的細胞，
產生的小腳一種非常黏膩的感覺。黏膩、柔軟、溼潤，豐富飽含的
人體味道。應說來自皮膚分泌的脂腺，是皮脂的味道，是人體皮膚
的味道。是黴菌在皮脂上發酵產生濃郁風味。是一種揮發性很低，
除非以肥皂洗除，非常不易脫除的味道。這或許應算是人類足跡特
殊的味道。腳脂的味道與陰部的味道是人體最原始的味道，纏足層
層包裹保留下人體最自然原始的氣味。

　　這種很重很強烈的味道，尤其在黴菌感染後味道更為強烈，強
烈的味道與性經驗形成條件反射，成為催情味道。那個強烈刺激的
味道，可以喚起大腦邊緣系統（Limbic System）對性的喚起。它可
說是性的「費洛蒙（pheromone）」，尤其是當時性生活是在昏暗
的燭光下，晚上，靠的是觸摸與嗅覺來引發性慾。香或臭是很主觀
的，不過就是喜歡的味道與不喜歡的味道，雖然人各有不同的喜
好，像蘭、茞、蓀、蕙等香草的芬芳迷人，都是眾人喜歡聞的，但
是「海邊有逐臭之夫」，就像我們現代喜歡吃臭豆腐的人就是想去
追尋那個氣味。但可以承認的是腳掌上的味道確實很重，這與動物
用鼻子追尋味道求偶是否有關，許多動物鼻子都比人類長很多，嗅
覺是重要的辨識器官，傳入邊緣系統（Limbic System）最原始情慾
的引動，有多少與嗅覺相關的。

　　蜚聲中外的翻譯家、學者，被甘地稱為「最尊貴的中國人」的
辜鴻銘（1857~1928），他有一妻一妾，享齊人之福。他曾幸福地
說道：「吾妻淑姑，是我的『興奮劑』；愛妾蓉子，乃是我的『安
眠藥』。此兩佳人，一可助我寫作，一可催我入眠，皆吾須臾不可
離也。」辜鴻銘與淑姑感情甚篤，從結婚之日起，辜就將妻子的小
腳視為珍寶。閒暇之時，辜脫掉妻子的繡花鞋，把又臭又長的裹腳
布一層層解開，低下頭，將鼻子湊近小腳，嗅其肉香。作文沒有靈
感時，他總將淑姑喚到書房，讓她將瘦如羊蹄的小腳放到他身旁的

凳子上，右手執筆，左手撫弄淑姑的小腳，時捏時掐，如同玩佛手。每當此時，辜鴻銘文思如泉湧，下筆千言。

小腳的臭，尤其是又臭又長的裹腳布成為反對纏足很重要的立論點，認為小腳解開來臭不可聞，到了近代認為那些臭味是不衛生的，進而形成纏足的對抗力，在清代早期似乎從來沒有人注意到小腳的臭味，真奇怪。反而一直說是香蓮，味道的解讀本來就因人因時代而不同。老太婆的裹腳布又臭又長，但小姑娘常常清洗小腳裹布就不會有太重的味道。為了改變不適的味道，用各種配方薰洗薰蒸，使小腳具有誘人的味道，包括由中東來的乳香和麝香等等來改變味道。

幾百年來歐洲人鍾情於動物性香水，在他們的認知之下，身上要是能夠發出臭味，才具有魅力。十八世紀中期現代醫學開始登場，大家講究衛生、乾淨，而且更相信要是空氣中帶有惡臭和瘴氣則容易產生疫病，因此都應予以排除，同時都市計劃使環境也改善不少。如此一來，具有清香的植物性香水就取代有臭味的動物性香水。

徐珂在《清稗類鈔》中寫了一段：「李漁之嗜必也受盡譏讒，所謂『喜大惡小，喜香惡臭，人情之常也，而獨於婦女之足，則不然，惟欲其小，不厭其臭』。」

辜鴻銘英文簽名照。

金蓮之神

性幻想的對象

　　超越了世俗，學以致用的價值計算，纏足的價值意義進入了集
體瘋狂愛戀的精神層次，不再能用理性計算纏足的價值，更需要評
估它在整個社會影響的精神意義與精神價值。

　　自然的規律「性喚起」，源自異性相吸求偶的衝動，人類是少
數經常性性喚起的動物，從而使性相吸成為人類社會家庭建構的因
素。性喚起除了源自異性身體直接的刺激，更廣泛的引申到種種與
異性或性行為有關的人事物上，纏足的強烈性企圖，自然成為性幻
想的重要標的。

　　小腳女性成為男人性幻想的對象。白汁紅蓮，以弓鞋行手淫。
不只是戀足，而是以弓鞋成為行淫的對象。偷藏弓鞋，將性愛對象
的弓鞋偷藏，這樣的情節在《金瓶梅》中就有，清代小說不乏這樣
的情節，所以少女弓鞋常是被人覬覦的對象。幻想的是佳人、小
腳、弓鞋、鞋飾，還是纏足的故事情節？

　　明朝徐渭的〈菩薩蠻・閨人纖趾〉云：「千嬌更是羅襪淺，有
時立在秋千板。板已窄棱棱，猶餘三四分。紅絨剛半索，繡滿幫兒
雀。莫去踏春堤，遊人量印泥。」「莫去踏春隄，遊人量印泥」，
這顯然也是明顯的性幻想。轎底簾下偷偷露出纖纖的一個金蓮，往
往成為性幻想的目標。龜奴背著妓女走，翹著一雙小金蓮，成為最
誘人的活廣告。

　　弗洛依德把性行為當成是人類深深的潛意識行為，但當纏足盛
行時，迷戀小腳女，也成為男人性幻想的標的。難道這也是人類深
藏的潛意識衝動？我們今天很容易了解妙齡美女受人襲胸、襲臀的
心理情節，但相對的情節在纏足的年代一樣出現，只是標的物改
成小腳而已，可見人類的性衝動，有很大的成分受到社會的正面影
響。男性將對異性的性幻想焦點，集中到小腳上，這與現代人以照
片，充氣娃娃、偷人內褲、內衣行淫的情況是類似的。勃起的過程
在於當時的臨場感覺，勾起過去的歷史記憶，產生未來的接下來的
將來期待。

　　西方把性學在精神學與社會學、行為學、統計學上圍繞，這是

白汁紅蓮。

性學的基本核心精神嗎？他們創造了許多性變態，真的需要用變態來解釋性行為嗎？小腳形成許多戀物狂追尋的目標，因為纏足行為的強烈性暗示，往往超出了人對人間的戀情，形成單獨執著的對纏足、小腳的依戀。在纏足的時代，愛戀目標由人轉移到小腳上，是一個極為普遍的現象。小說中不寫女人面貌如何，只要用她小腳的尺寸，就足以讓人大致了解她風流的程度。性也不過是一種幻想而已，什麼樣的幻象讓人刻骨銘心，什麼樣的幻想讓人心動澎湃。小腳是人類集體性幻想的恩物，性崇拜的集體社會創作，集中億萬人的意志、志趣、獻身，改變上帝創作的身體，成為更具性感的靈魂。

清末一帶名伶楊翠喜以纖足登台，轟動傳頌一時，甚至引動著名的「丁未政潮」。

消魂蝕骨——小腳魅力

纏足美人的出現，就像是見到性感尤物一樣的勾魂攝魄。在清光緒三十一、二年之際，天津小腳歌伶的楊翠喜在津、京享有盛名，而已經成了當紅明星的她，受人追捧，身邊自然不乏大把的追求者，年輕時的李叔同就是其中之一。李叔同每天晚上都到楊翠喜唱戲的「天仙園」為她捧場，散戲後便提著燈籠陪著她回家。不只是為楊翠喜解說戲曲歷史背景，更指導她唱戲的身段和唱腔。但不久之後，楊翠喜就被段芝貴量珠聘去，送到北京孝敬載振小王爺去了。據《菊影錄》說楊翠喜「後為富商王益孫、道員段芝貴所賞。會貝子載振奉節東省歸，道出津沽，置酒高會，一見翠喜，顛倒不置。段方有求於貝子，乃託王益孫名，以萬金購翠喜為使女，即車送之京，進之貝子，翠喜則年十九矣。」段芝貴以此作為進身之階，居然能從正四品的道員，「三級跳」到從二品的黑龍江巡撫一職。段芝貴以楊翠喜做為孝敬載振小王爺的「性禮物」，最後引爆史家所稱的「丁未政潮」。楊翠喜更因迅速名聞全國。當時有人評論說：「以一女優，而於一代興亡史上居然佔有位置，而牽動一時之政局者，當數楊翠喜矣。」

當時的女性是深知和善用小腳的魅力。妓女不就是把小腳伸出轎外來吸引路人，或在龜奴背負過街時故意蹺著小腳吸引人。小腳的魅力不只是以腳來表現，也用身體姿勢、步態、身姿來呈現，用走路木底喀喀聲來呈現，用衣飾手勢來加強，用手巾、扇子來增強小腳的姿態點。小腳的曲線本身是非常強烈吸引力的。魅力來自於纖小、白皙、紅潤、拳縮、可憐、曲線玲瓏、顫顫巍巍、步步可憐。引動最原始的性衝動。

腳的魅力不是只靠纖小的外形、尺寸去競爭，還有小腳呈現的姿態，如何更有意義的呈現腳的表情，成為小腳更高的表現藝術，一勾、一垂、轉折婉轉，成為眾人目光焦點。小腳魅力是靜態的、是造作的、是動態的、是繁複華麗妝飾出來的、是簡單清新樸素的、是步伐靈活生動的、是羞澀保守拘謹的，具有極為豐富的表情。小腳是強烈的春藥，神祕的力量。從女性纏足的力量想到狐狸

小巧金蓮一手掌握，還沒交合，已讓人昂揚不能自己。

精的魅力，建構出蜘蛛精盤絲洞這樣的男性銷魂窟、英雄塚；看起來像一個女性建立的性企業，具有無比的魅力與力量，成為磁吸男人的黑洞。這與現代爆乳細腰的魔鬼身材，具有同樣的力量。

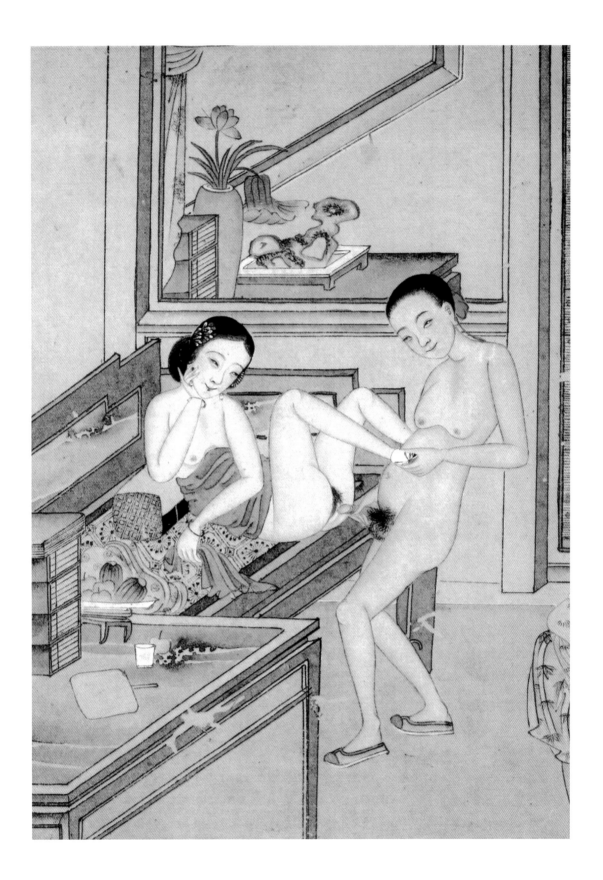

小腳的感覺──女性的感覺

纏足的過程就是身體感覺的開發與學習，這種感覺的享受是會依賴、習慣，甚至成癮的。

纏足是一種自囚藝術，它帶給當時的女性是一種驕傲的感覺，只有纏足才是真小腳，大足成為假腳，這與解纏時，未纏足稱天足，纏足稱壞足有極大差異。

纏足的疼痛，引發腦啡分泌，進入自我成癮的境界。姚靈犀的《采菲錄》中的一個守寡的婦女，每夜必自纏小足，以纏小足為快意，這與運動、遊戲、喝酒的成癮，有很大不同嗎？連紋身，纏綁繩索都會成癮，纏足會是例外嗎？疼痛本身就是一種嗎啡，是會上癮的，這不就是痛閾理倫嗎？什麼樣的痛具有較高的成癮性，刺痛、壓痛、熱痛還是酸痛？痛的感覺是一種承受，也是一種學習、訓練，也是一種身心靈的開發探討，是一種波浪撼動的樂章。如果說「科學」是知識的累積，「纏足」不就是一種心靈探索的累積，世世代代，越探越深，直進到靈魂的最深處。

纏足的過程就是身體感覺的開發，將身體的感覺與教育、兩性關係、規矩，母親慈愛幼女，男人稱讚等因素放在一起，形成感覺的條件反射，性的條件反射，纏足的過程中不停地培養幼女腳部感覺的啟發。女孩最小約七歲就會自己自發性的裹足。在纏足的風俗研究中，探尋人與身體的互動，怎麼去開發身體、創造身體、享受身體，使身體創造出奇蹟，創造出感動的力量，能承受多深沉？承受的藝術，承受的意志，深沉的承受，讓人感動。女性逐漸熟習沉溺於身體的限制與改變。

張藝謀的電影《大紅燈籠高高掛》中的婦女要臨幸前得用木棒捶腳，到情慾勃發，才接受臨幸，看來捶腳類似前戲中的挑情行為，讓女性進入性高昂的階段。每次交合男性都盡可能使女性得到滿足，「女性可經由交合激發陰精以活絡經血、強身健體，女性的陰精取之不竭。」──這種女性的「陰精」是什麼？是潮吹，是聖水，是前庭分泌物，或者只是性激情的滿足？

姚靈犀的《采菲錄》裡多篇文章寫到婦女對小腳的欣慕。多數特別纖小的小腳都是女性自己特別加強裹出來的。如果不是女性的喜歡，這個文化不可能深植廣傳至如此程度。解開裹布泛紅充血的

小腳，特別敏感。輕輕的一摸就特別刺激，不只是皮膚的觸感增加，連關節扭動都是一陣酸溜刺骨的感受。纏足的過程其實是女性對身體感覺的，感知與學習，這種感覺具有成癮性與習慣性。女性在纏足時坐在男人勃起的陽具上重纏，是雙重的身體享受。

小腳往往不是依附著男性喜愛而存在的，小腳事實上常擺脫了兩性關係的羈絆，成為女性間互相認可並比的一種能量，就像男人互相吟詩做對一樣，小腳可以在女性間產生欽佩、羨慕與臣服的力量，如《金瓶梅》中蕙娘套穿著潘金蓮的弓鞋數落的故事。男性對小腳的喜愛而孕育出這麼多的小腳，男性的角色可能被誇大，但男性文章與詩詞世界也僅能看到男性的貪戀仰慕與讚美，這些文獻中女性愛戀的角色不見了，直到解放的風潮湧起，解放了女性的小腳，解放了女性對書學的封閉，這時也強加予女性纏足的負面評價。一千年流傳不息的纏足風俗與纏足婦女，在纏足文物上大量的創意與藝術明白的解說著女性對纏足的正面評價。

纏足的過程中一直加深這是兩性關係的基礎，等於在建立纏足疼痛與性關係的條件反射，纏足的痛覺反而變成性的快意與強烈的感受。有一個例子在《采菲錄》，某官員與小足女子性交，藉由齒咬小腳，咬到鮮血淋漓來進行性滿足。女人以身體來感覺，男人以視覺來感覺。（觸覺與視覺的不同）。

不同時代、不同社會環境，讓人有不同的性經驗取捨的機會，每一種性經驗都涉及成癮與否，與腦啡有關，也沒有所謂好的與不好的性經驗，或好與不好的感覺學習。非性環境下避開性器官、避開男女異性相戀，避開情愛上的衝動，形成對身體感覺的學習，從身體感覺中發抒身體的壓力與調節生理機能。性生活經驗可以從心理上、情愛上、性器上、身體肌膚感覺上、身體關節感覺、內臟感覺等各不同的感覺上學習體驗。透過學習，熟習的感知與了解，更容易體會成為一種熟知的經常性的條件反射，這就是性的學習。

男人有較多的感覺學習機會與素材，女性則用很多時間做身體的體驗與學習，感覺自己身體、享受身體的感覺是最廉價，最方便取用的。有些人具有最深的感受與體會，體會女性身體的感覺，體會別人的感覺，這種感覺體會享受遠超過自由、放縱、平權、自主等的追求。有些人可以深刻體會到別人的感覺，這種感覺不是從

小腳的感覺，是女性間互相熟習、沉溺的肢體感覺，也只有歷經纏足學習的婦女，了解這心靈深處的祕境。

言語中表達，而是從表情、自律神經悸動、流汗、充血、呻吟、顫動、姿勢改變、反射性的動作、肌肉緊張舒緩、呼吸疾徐、心跳疾徐、握拳、態度、骨盆肌肉的反射改變方位，迎送等姿勢來了解別人的感覺，語言的疾徐、語調這種感覺。像是天才的特異，像莫札特對音樂的天分、像愛因斯坦對物理宇宙的特殊智慧，這種感覺有助於詮釋「性是什麼感覺」超越歷史、文化、兩性、婦女運動、風俗、人類學、性學、社會學的解讀。

女性從纏足中學習到身體感覺，這種感覺是兩性間結合的基礎，就好像男人學習文字、文章、做人，這些道理是社會人群結合的基礎。纏足的學習很容易讓女人體會到性，掌握到性。林漢章說：做愛時各種姿勢是為了婦女更多的需要與滿足快樂。《素女經》可能真是女性所寫，只有女性才能真正了解性行為過程中，各種不同性交方式所造成的不同感受，在明末的色情小說中根本見不到女性觀點，這些純為男性性愛、性感受的觀點。解放纏足運動爭取女權，但也同時將女性的「性主導權」給拋棄了，就像離開戰場的士兵。

深度立體的感覺、層次感

運動可以舒暢身心是一般的了解,身體感覺「按摩」,就像電影、音樂、詩詞一樣,也可以舒暢感覺與身心。「捉、嗅、刺、揉……」各種玩蓮的手法,體現的是各種身體感覺與性的關係,也就是性的前戲。調情可以是多層次、多相性的立體感覺,提昇性的情調,走向多元化的性體會。

當男女雙方以腳的大小、纏足結果做為關心求愛的標準,這必將會轉移男女性對情愛認知的方式,採用身體感覺作為雙方體認的手段,而不是用心靈感覺、工作互助、容貌表情,這樣的社交方式必然產生整個社會男女關係的改變。

身體感覺的社會如按摩、針灸……等等,其實中國人將身體感覺當作一種醫療,從感覺的強弱刺激來引導身體的再平衡。中國人藉由腳底按摩的經驗認識到整個腳掌的感覺可以投射入全身各部位的感覺,並借腳上部位的刺激來調整身體的各器官恆定狀況,我相信足掌刺激與身體恆定平衡之間的調節關係,就像當年《黃帝內經》認為藉由性行為可以調養身體一樣,但到底腳上各部位與身體器官的相對關係有何相關,就有待進一步的了解,不管如何這樣的腳掌刺激與感覺,對身體產生微妙影響的學問,在中國不只是一種理論,而且是一門極為廣泛操作進行中的商業行為。

現代人習於體操,以身體運動達到舒通筋骨,強健身體的效果,中國人以身體感覺的開發,來打開身體平衡與恆定的身體調節機能,「感覺」與「運動」同樣能激起身體的反射,與體內調節,類似針灸、按摩、腳底按摩與三溫暖。纏足時所受到的是多重的感覺,不僅是皮膚的感覺還有關節與骨骼、酸痛深層的感覺。由身體的感覺負擔起人與人相處、溝通的重任,也就是對人的感覺從小腳上來。包括醫療、衛生、身心紓解、社會關係、心靈溝通,人與人認識社交,都由這層身體感覺來加以確認。就像瞎子認人用手、聞、聽聲音一樣,纏足時代中國人極度擴充了身體的感覺。

纏足時,壓迫、酸痛、灸熱、扭轉的感覺,當它長期持續的存在,是否喚起更多不同的生理機能,這些較強較深的感覺,引發身

體深層自律神經的衝動，甚或感情的衝動、像感動、顫抖、流淚、憂鬱、欣悅、暢氣、沉悶等的感覺，藉由身體感覺是否較容易去引發、激發、沉穩的施放，來去之間形成另一個運動循環，自律神經的擾動與再平衡，這是纏足婦女的身體體操；這麼深沉的教育與體驗，成為婦女最好的人生經驗與體驗、經歷與成長，可以面對更多的挫折、壓迫、震驚、考驗，這是身體的教育、身體的成長。

在空間有限的環境中，纏足不失為身體感覺「試鍊」的一種方法。愈柔軟的小腳能夠摸出關節、肌膜、骨膜深部構造的感覺，纏足創造出來柔軟如棉的腳，不只是皮膚柔軟、肌肉筋肉柔軟、關節柔軟易彎曲多變，一手掌握之下能摸到很深的感覺，從纏足的過程，就是不停的腳部感覺的培養，尤其到最後還有腳心留下最生嫩、細緻、最柔軟的感覺核心。一握之下能感受到腳掌最深的反應和蠕動。

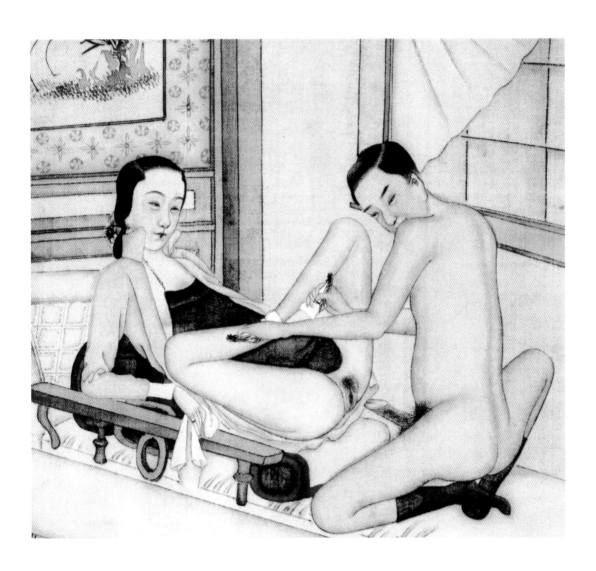

自律神經

即便是今天醫學界對性行為中，自律神經的調節機制也是搞不清楚，只知道在性行為動情之後，有許多步驟逐漸的進入自律神經控制的範疇，如果這部分的了解夠清楚，催情的藥物就不再有神祕性了，而且可以隨心所欲，奇怪這麼簡單的生理問題，為什麼沒有人好好的去了解？對女性來說到底要多強烈的刺激，可以達到性與奮，多強的刺激可以進入性高潮，腳底按摩是不是就是進入性興奮的階層。鄭丞傑醫師說半身脊髓損傷癱瘓的女性，仍能藉由性刺激達到全身的高潮感覺，這種身體的感覺的傳導，是否另有途徑不經過脊髓而能達成。腳底有許多的反射是最原始的反射（Babinski's sign），刺激在腳掌，反應也在腳掌，這與腳的性反射有什麼關係？

雙足的疼痛有助於性器官感覺敏感的提高，雙足或腿部的疼痛、摩縮，更不自主的促成了會陰部的亢奮摩縮。纏足或高跟鞋讓會陰部長期保持於緊繃的亢奮狀態。性的啟動是很隱約，很難掌握的，但是可以利用視覺、觸覺、身體感覺、皮膚感覺來做條件反射式的啟動，也可以利用緊繃的肌肉、身體、隨意肌的運動來啟動自主神經的性反射。長期保持在緊繃、舒鬆的循環下，等於預設了較高的「性」值，隨時可以讓人啟動。

讓疼痛、自律神經興奮、性高潮，這樣的條件反射形成，當然這一種性的啟動，也可以是精神面的，或視覺、幻想、觸覺等等。有太多的身體異常，源自於自律神經失調，性行為的高潮與放鬆是人身自然的一個調節，纏足加強了性的張力，也使得性生活的調節能力更為顯著。古語云：「小腳一雙，眼淚一缸」，女孩們在受盡身體痛楚之後，就是自律神經啟動的決堤表現。

高潮和射精，與勃起抽送是不一樣的機制，高潮射精較像是自律神經啟動下的轉換。看來男人只要維持勃起，就可以不要進入性激動、性激烈、顫抖的自我身體影響境界。醫學教授說射精時會有一陣麻到頭上與腳下，一陣氣發麻。頸部緊張收縮，與頸部放鬆的性，顯然是不同的。長久的性享受應在頸部放鬆，陰莖勃起下進行，而不應引動更多的身體全身肌肉緊縮。日本S / M性愛影片中，

沒想到他們過激逼近到死亡的強烈的性，強烈到面臨死亡，腦內完全空白，可以看到星星光點各種幻象，休克虛幻的感覺，會造成小便失禁、大便失禁、陰道噴液、陰道不自主的收縮。

讓身體隨意肌肌肉的休息，相對的纏足卻引動自律神經活潑的運動，纏足的刺激深入到自律神經誘發的層次，是感覺的誘發或是性的誘發，或是纏足後不同的步態所誘發的自律神經衝動，西方教育建立在運動的自律神經誘發，我相信身體有太多途徑可以取代運動的誘發，諸如性感覺、知覺感覺、精神感覺，還有就是針灸時那一種鬆動感覺、藥物感覺、睡眠潛意識感覺等等。

如果說性行為可以促進身體健康，那個促進的機制恐怕就在於性行為讓自律神經進入更為暢旺和諧的環境吧！自律神經是身體自動調控的機能，進行更強烈的激發反應有助於這個系統的增強建立與調控，不是嗎？腳底按摩不就是利用腳在受激下，引動身體自律神經恆定的改變，達到身體調和的目的，顯然腳掌是自律神經較強烈的激發點。如何讓自律神經激發，導引出肌肉緊張的舒緩，焦慮狀況的鬆弛，身體機能恆定的協調。《大紅燈籠高高掛》一劇中，妻妾接受臨幸前需要做腳底按摩捶腳來增加婦女處於亢奮狀態，根據中國採補的說法，臨幸亢奮激態的女性可以採陰補陽，否則反而喪失陽氣，當然現在的說法則是兩性互相激盪達到激情亢奮的境界，受激狀況是性愛的前奏，這一點已在性交前要有前戲撫摸這些狀況證實。

纏足改變了運動機能，使女性四肢身體傳統運動能力減低，但也相對打開了新的身體恆定方式，為什麼她們的身體變成圓的，因為進入更大的放鬆與放空階段。鮮少運動，日照很少，養尊處優，皮膚鮮少壓迫接觸的人，相對的會提高身體內部的感覺，提高性的感覺和反射，這是白皙美人性強度提昇的原因。也就是較少的刺激在冰山美人的身體上可以產生較劇烈的性刺激反射，這是身體關了一扇門而會同時打開另一扇門，所以劇烈的肌肉訓練，運動神經發達的人雖然在性行為中能有較大較持久的運動能量，但其身體引發的反射不見得會增強，但是身體虛弱隔離的人，面對感覺刺激的反應，更會是全身動員、自律神經動員。纏足對身體自律神經的效果，恐怕是隔絕的身體大於經常受痛的身體。事實上纏足長久以後，身體的受痛不再明顯反而成為身體感覺的隔離效果。「小腳一雙，眼淚一缸」，纏足的創造過程就與自律神經，「感情」神經鍵結形成強烈條件反射，小腳在女性身體上的感動，也就是在男人感情上的感動。

臨床上確曾見到有人腳疼特別的敏感，不是只有骨折的部位，連皮膚、關節運動都有強烈疼痛反應。從膝關節置換術後造成感染治療依舊疼痛的個案，明顯見到膝附近皮膚過度疼痛敏感和膝關節運動疼痛，我以為這是因為骨經蜂窩組織炎後的

現象，印象中骨髓炎病人也曾有如此特徵，專業醫師以為這是交感神經刺激所致，這樣的人在四肢末稍常見，神經疼痛特別敏感，特徵是那一肢的血液循環較差，血管收縮，顏色較為暗黑暗沉，皮膚較薄。纏足造成骨髓炎或長期潰瘍感染後，在足掌足趾，是否可以見到這樣的自律神經反應，造成末稍的過度疼痛，強烈的疼痛反射，連皮膚都有強烈的感覺過度敏感現象。

肉慾

確實可以看出來有些人具有較強烈的性感覺，也許這就是肉慾吧。《金瓶梅》寫的潘金蓮是肉慾的典型，她是肉慾的典型？還是有其他的條件，──哪些特色可以看出肉慾強烈？

■身體感覺敏感

■皮膚白皙、柔軟、薄、紅潤

■敏捷、活躍

■慾望無窮

■重視外觀，重視衣著

是所謂的好色之徒嗎？還是狐媚、掩飾媚行，還是不守婦道，看來不十分雷同。熱衷於纏足的女孩子會不會就是肉慾的典型，看來《金瓶梅》是有點這麼暗示的。很奇怪纏足是貞節的表現，又是肉慾的代表，看來貞節與肉慾是不相排斥的，貞節指的是人際關係，肉慾指的是身體需要。纏足過程，應該有效的助長肉慾的需要與激發。明末的肉慾與當時酷刑有沒有關係？宋代以前，性與肉慾、思慾，有這麼強烈緊密的關係嗎？現在性文物開放以後，反而性行為像是運動一樣的無趣。性交書籍怎麼變成像是健康教科書，已經失去了那份神祕與衝動慾念？

讓女性經常處於性亢奮、激態狀態，身體的敏感激情激發狀態，形成一種對身體感覺的渴求狀態，當然身體感覺不只是性刺激，還包括肢體疼痛、按摩、訓練等等刺激。性愉悅可以被漠視不提及，也可以當做重要元素，就像食物可以不美味而只是果腹，性愉悅在明代明顯的被注意到。高彥頤教授認為纏足裸足的真相揭露以後，神祕不再，是造成解放纏足的好理由，我看「恐怖」的腳難道人們以前都沒有見過嗎？腳的重大改變，也看出情慾的力量。

中國人只能說情──道德（《紅樓夢》）而不能說慾、利（《金瓶梅》）。纏足中的肉慾角色一直被隱閉。──因為不能說，尤其在解放纏足運動時更是啞口無言，講不出個道理出來。如何堅持纏足風俗？──清代如此，明代似乎沒這個問題。

小腳洗腳時有一份特殊黏滑的感覺。小腳白足入握在手有一種

黏膩的感覺。這種黏膩的感覺在玩白足禪時（參白足禪），讓腳底可以握持住男性的性器足淫。膩的感覺來自薄軟略帶溼潤皮脂的腳底皮膚，及皮膚滑柔輕黏的感覺。

沒有數理邏輯的國家，只用倫理來維繫住這個國家與家庭，靠的是似是而非的推理。一、音樂舞蹈在中國反而是負面的藝術，相對於歐洲，中國人對肉慾的追求是較熱切的，明末出現了大批的春宮與色情小說代表那時對肉慾與色情有一定的開放。二、歐洲人認為中國人是肉慾的民族：

1. 中國人將妓業用頗具規模的經營。
2. 研究性交姿勢及性交與身體健康的關係。
3. 按摩、腳底按摩、經穴按摩。

肉慾看到的不只是面貌和身體，還有身體的動作、身體的感覺、身體的反應，就像欣賞詩境、意境的人互相欣賞到對方的思想幻境中，肉慾的欣賞是可以欣賞到人體最深沉原始的反射與感覺，這是一個肉慾欣賞的民族長期歷練下來的藝術欣賞眼光。經過了明末那樣的肉慾橫行時代，到了清代，更多更強的陽具性交已經無法滿足性生活的期望，全新的性生活方式時代來臨。除了口交、肛交、虐戀，還有什麼更強烈感受、更深沉的身體感覺？這種感覺也能昇華成按摩、經穴治療等的身體享受。

纏足過程的感覺，可以說是對身體體會的學習，也可以說是一種性體驗的學習，這種學習透過纏足，更容易進入核心的了解，遠勝於書本學習或其他教育方式。與西方的「愛」比起來，淫與慾是更直接且具體的，更具有較大的動力。纏足的女人看起來就是肉肉的、圓圓的，不是骨骨的，全身肌肉渾圓，臉也圓，四肢都是圓的，圓圓軟軟的樣子。不停的用身體語言說出身體的感覺，強烈充盈的身體肢體感覺。纏足可以讓人看到最充沛的肉體感覺，也可以藉著身體的修練，把慾念在身體衝擊緩解中逐漸淡忘，達到一種禪修。

所謂肉慾不過就是身體感覺、身體快感，身體的需要，這與運動體操一樣，也不過就是身體的基本生理活動。只因為涉及性意念而被認為是負面的慾求。為什麼要把肉慾的追求當作一種負面的人生，也許肉慾也可以當成一種運動，對身體健康有幫助的。肉慾在佛家與西方是負面的，道家倒不把它當成負面。

淫與纏足

　　這一節探討纏足以後，整個民族是否更沉溺於色情沉耽於性的享受。中國為什麼成為人口最多的民族，除了子孫繁衍的訴求，是不是中國人也相對的比其他民族更為注重性的享受與性生活、性文化？明代以前（至少唐或北宋以前是如此）性行為似乎像飲食一樣是健康的，到了明代後期才產生了性行為與淫亂混為一談，性行為也成為淫亂的代表。龜本來代表長壽、健康、長久、吉祥（紅龜糕），元代以後代表淫行、王八。荷蘭漢學家高羅佩說龜本來代表性器官，後來卻代表沒種縮頭的意思，如罵人「縮頭烏龜」。

　　是不是因為蒙古人的縱淫，讓漢人受到嚴重傷害，突然之間淫行，性行為突然變成惡劣、負面的。看來從宋代到元代中國人遭遇到強擄婦女，姦淫婦女的民族，強勢的軍事武力從金到蒙古的侵略連年不斷，在此之前漢民族似乎很久沒有遭遇到大規模搶奪婦女的軍事行動。漢民族的軍事行動在佔地而不在佔人妻妾，反而是用利誘通婚的形式，而不是強佔強擄。這樣看起來是性是淫的觀念源於北方，源於游牧民族，以發洩性慾的方式處理性的問題，奇怪明代理學家瞿九思為什麼要教蒙古人纏足，似乎想把建構在漢民族身上的纏足性倫理，北傳教化異族。在元代連佛教（喇嘛教）都變成淫亂的宗教，到了明代三申五令都要避免婦女在佛寺出現淫行。

　　纏足的身體感覺，較接近於肉體的感覺而不是精神上的感覺，欣賞纏足浸淫於纏足生活中，相對的對於肉慾的生活會有更多的需求。感動的是小腳，相對的也可以免性行為的淫亂，足交、足戀可以發洩掉不少的性衝動。男女兩性在性接觸中，本來女性就較慢亢奮刺激，纏足讓女性提昇刺激，預置佈置性的啟動溫床，讓男女兩性很快在性行為中進入亢奮高亢的交接狀況，會不會因此變成為女性主動式的性交接。

　　在那麼貧窮困苦的環境下仍舊堅持纏足，有很多的家庭除了衣食無缺之外，屋中幾乎非常的空乏，但對幼女纏足的堅持卻沒有放棄，由此可見，當時人心目中，纏足所佔的重要生命角色。荷蘭漢學家高羅佩（Robert Hans van Gulik）寫到明代中國性文化以後寫不

下去了，清代漢民族的性生活隱入檯面下，隱入文字，隱入不見官府的生活中，但纏足卻比漢人男人的頭髮還要更頑強的存在。纏足風俗在侈靡繁榮中擴展，在戰爭窮困中沒落，在倫理道統中建立，在奢華中擴張，不是跟著軍隊走，不是由改府擴張推行，而是在繁華時由居民百姓自動推行，推行時代表時代的繁榮穩定，代表家族的穩定建立，進入盛極時期代表生活侈靡與富庶（飽暖思淫慾）。

纏足是不是在隱微之間促進了人的淫慾，即促進了性生活動力，沒有辦法找到相對的比較，證明纏足文化讓男女間有多活潑旺盛的性生活，但我們看到很多的事實，知道纏足讓性生活具有更強烈感覺、更有興味、更高層次、更細膩，也更悠雅、更多的變化，引進更多元的相關文化。明代是一個有官妓的朝代，連官妓都有了，還有什麼禁忌。到了清代，各種妓院也是合法的蓬勃的存在，所以我們認為這是一個性自由的時代，靠的是更強烈的倫理規範，來避免社會產生的問題。

有什麼其他的方式，更能促進或確保性的吸引力，纏足像是一種性的教育訓練。纏足讓漢民族的性行為成為一種負責任的性行為方式，而不是野地交歡野合，讓男性遺傳清晰脈絡，這有別於母系社會的母系遺傳。這符合儒家的男性社會模式。

腳的隱與露、私密性

只有清末婦女畫或春宮畫把小腳的真實情況畫出來，清中葉以前或明代畫到婦女小腳就是畫一個小小的點，畫得愈小好像就是更小的小腳似的，幾乎沒有人掌握到了小腳的解剖與小腳走路時的身姿神韻。就是明末唐伯虎的畫也是用身姿表現而已，出現小腳神韻漫畫的曹涵美，應是在民國以後的事了，只有在《采菲錄》上的那些圖，才掌握到了小腳的神韻。從男人的觀點了解，纏足確是非常神祕的，沒有書刻畫纏足的細節，鼓勵勸人纏足，也沒有人對小腳有什麼了解，寫過《纏足——「金蓮崇拜」盛極而衰的演變》（ _Cinderella's Sisters: A Revisionist History of Footbinding_ ）的紐約哥倫比亞大學巴納德分校歷史系教授高彥頤（Dorothy Ko）就是相同的男性觀點認定這是隱的情節。

除了從社會學、醫學、民族學，學術研究的角度來切入以外，世人真是無由了解到纏足的真相，那些裸露的小足真是極其稀少，因為纏足婦女根深蒂固地認為這是極高的祕密，不能讓人見到。很多婦女甚至連丈夫終身都末見遇她們的裸足，婦人死後她的纏足鞋飾得全部燒掉，就像是要把所有的謎全部消毀，把所有痕跡全部消毀，讓它形成永恆的謎。當然有些小說中提到了偷送弓鞋予情郎的事，有些地方有所謂「定情鞋」，拿一隻弓鞋與男方證實腳的小巧與女紅的精巧，但是對多數婦女與多數地區而言，弓鞋或纏足相關文物，成為婦女最嚴守的祕密物，終身絕不予人的。

小腳的神祕，似乎也是它吸引人的焦點，這種神祕一直到清中、末期都沒被打破，似乎有許多的男性終其一生，並不知道裹在裹布裡的腳長成什麼樣子，這反而成為它神祕的焦點，也許一旦知道了所有興味都消失了。也許可以了解一下，那些地區有「參百足襌」的可能。幾乎連春宮畫、避火圖都不去畫裸露的小腳，對男人來說，這幾乎是不可能解開的一層。到了清末才有人在外洋人的好奇下，在鏡頭前解開裹腳布，了解到小腳的真面目。女性出門乘坐轎子多為隱密封閉的，婦女終日處於深閨，不拋頭露面。只有三姑六婆能出入閨中，但會為她們的家眷帶來惡劣的影響和數不清的厭煩。

清末以前從所有文學作品上，都看不到任何關於纏足手法的敘述，只有見到對小腳的讚美詩詞。從來沒有人知道到底小腳是怎麼纏小的，生於清朝乾隆中葉的李汝珍（約1763~1830）的小說《鏡花緣》，描寫「女兒國」揭露了真相的一大半，剩下的是纏足的分期、用布的方法、複纏的方法等技巧。到了姚靈犀編著的《采菲錄》才可見到所有的奧秘，因此六冊的《采菲錄》被視為纏足史料的集大成。許多章回小說中，作者為了賣弄他對小腳的了解，也只能將考證性的纏足史料，炒一炒冷飯，像鴛鴦蝴蝶派的代表作家之一的吳雙熱的《無邊風月傳》，像《花柳情深傳》等。

纏足的風俗將女性，性行為、性器官、小腳、腳，變成非常隱密的一種器官、一種行為，成為非常具有神祕感，充滿玄祕的部分，在這種情況下，兩性接合，或觸摸到、看到小腳都變成了「天雷勾動地火」般轟轟烈烈的電極火花。由於小腳的神祕，所以千年來沒有人能一窺小腳的真面目，沒有人能了解，小腳的吸引力在哪裡？可是見到時卻深深拜倒，至死無悔。小腳是女性最私密的部位，即使是春宮畫也不能畫出裸露的小腳。有些色情照片照出了露乳、露陰的照片，但雙足還是緊纏著。婦女洗足、纏足總是避著人，偷偷在內房裡獨自料理，即使是其他婦女，也不便公開讓他人看見裸足。一個千年的風俗竟然無人能舉出它的優美與價值，卻堅強廣泛的存在，這其中的祕密有多嚴酷可想而知。

弓鞋纖影（筆名）說，家家戶戶都纏法不同，都有獨門秘方。小腳最奇妙的地方，在於不需要直接露出來、裸露。但透過弓鞋、妝飾，透過步態、神韻、風姿、身材，步履等，身體動作、重心轉移，纏足的狀況就被人捉摸到了，不需要看裸足。纏足將個人性生活帶入愈來愈私密的境界，與政治、藝術、媒體、新聞正好相反的方面。

千年來男人對女性小腳世界的不了解，就像女性對男人文人詩詞社會的陌生是一樣的，兩個不一樣的世界有重重關卡無法進入。男性一直到清末民國初年才對纏足的世界有少許的了解。漢民族一直是長裙蓋地，小腳深藏的，即使是到了清代，北方婦女穿上褲子，不再長裙蓋地，但仍然用各種脛飾及足飾層層包覆腿和腳，讓人只能看到腿部的姿韻，這當然比以前只看到全身款擺的風韻更讓

人驚奇。

東方人不是像野蠻人所表現的赤裸的性愛。對性問題講究「含而不露」、「蓋而不彰」，這既和東方人的習性、稟賦有關，也和古人認為性是淫穢不潔的觀念有關。《詩經》云：「中媾之言，不可道也，言之羞也」即是指此。出必藏形，街道上幾乎不見女人，在街道旁也是掩掩蔽蔽的拿袖子遮蔽，鹿港不見天街不見女人，宋代廈門婦女用頭巾蓋頭，明代傳教士所述街上不見女人，女人在街上坐轎，女性只生活在家庭中，不該拋頭露面。

文字本來就不是纏足婦女共同使用的語言，一千年文字的歷史中幾乎都排除了纏足婦女的心聲，相反的婦女反而建構了另一種語言，來隔離男性。「女書」，一千年來纏足成為婦女共同的祕密。

性是一種健康養生的時代，一定沒有性神祕可言，性神祕來自（一）性的羞恥、（二）性的卑視、（三）性的罪惡。所以產生了禁畫、淫圖、淫書，作者都隱諱其名，甚至當今的纏足網站的作者都不敢以真名現身，當年集纏足史料大成的《采菲錄》，除了姚靈犀之外，大多的文章都以假名投稿。當然姚靈犀也因此犯了法，影響所謂的「善良風俗」，而坐牢去了。

小腳藏形，隱密的結果反而產生更大的好奇與探索。清代以前漢民族的建築，不管南方北方都著重在如何寶藏她們的婦女，這是漢人設計建築的核心價值，尤其愈是富商巨賈愈是深閨高牆，這個「密」形成了更大型庭園住宅。最重要的設計理念，除了深閨深藏，花園私用、女子藏在窗內探頭，即便是好奇也是「藏身」，三合院、四合院不就是在這樣的思維下的產物，建築包圍室地，而非室地包圍建築，這與湘西吊腳樓，福建土樓有許多不同。四合院，四面都是屋牆和院牆，只有東南角上有個門與外界相通，大門內至少設有兩道門，為了防止外人窺視院內，在大門內設有影壁，內院門裡設立屏門，一般的來客只能在外院的客廳與主人見面，無緣進入內院。婦女連賣針線的來要出門買，都會被長輩罵回去，不敢出門。當年在「戶口普查」時，一直不計算婦女人口，只算丁男，婦女好像是在這個國家消失的人口。

因為性的不可告人、不可談，所以纏足的緣由一直說不清楚，一直等到解放纏足運動以後，才有人力挽狂瀾地談到纏足的性問題。否則纏足的性吸引力一直只存留在真實實踐的範圍而沒有見諸文字敘述。因為文字是不適宜用來記載這種淫穢的行為、淫穢的故事經歷的。民國初年因報紙的發達發現在這樣的敘述具有讀者同好，於是纏足淫行才一下子從隱暗的角落跑出來。這些行為不像歷史主流、社會主流，但卻是纏足真實的感受，就像沒有太多人寫豪乳的情慾故事，但那意象卻是真

實的存在每一個人的心中。纏足的性是隱的私密性，而不是野的、喧嘩的集體狂歡性。纏足代表的是一段隱藏「性」的年代，在檯面上正經的場合，「性」是需要被隱匿的。是遮蔽還是凸顯，是纏裹還是挑逗，深纏深藏，反而暗示著激情魅惑的靈魂。清代幾次發布針對色情書刊的禁毀名冊，讓纏足的性神祕更增加了政治上及言論上的禁忌。

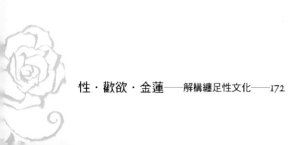

金蓮之痛

性的新殿堂──不一樣的性生活

這一節描述纏足後產生新的性生活方式，兩性的關係不像是愛，而是憐。這不一定是纏足造成的，有許多源於社會、文化，兩性關係等所造成的。纏足產生的性世界是一個更豐富有趣的性生活環境，這是在「性自由」的環境下所塑造出來的，與西方拘謹狹隘的性文化相比，難怪我們發現中國人聽到性傳奇，充滿了神祕與興味，這種情趣，不了解東方文化的人是無法知曉的。

當男性對女性的好奇與關懷是建立在她人工改變的小腳上時，小腳的形成、風姿、步態、感受，成為關注的焦點，改變也轉移了傳統對女性關注的焦點，如面貌、儀容、談吐、舉止，才藝等等，因為對小腳形成的關懷，產生了虐戀的情節。

高羅佩（Robert Hans van Gulik，1910~1967）以為唐代文人把做愛生子當成一種義務，與藝妓之間比較像是精神上的溝通與社交上的應酬，而不是性行為。性會隨時代、社會環境、兩性關係、身體狀況而改變的，這是探討纏足與性的核心問題，在於提供全世界一個完全不知道的性世界，從而可以探討什麼才是合理健康的性，性有什麼樣的發展空間，性到底是什麼東西？性脫離了放浪、浪漫、野性、激情、歡樂、狂野的方式與唐代的兩性生活方式不同。不管是那一種感覺，只要夠強烈就會在長期的沉浸學習中成癮，成為沉溺其中。纏足的感受會成癮，欣賞玩弄小腳體會對方身體感覺的感受會成癮，小腳被人玩弄的感覺也會成癮，這感覺成癮就像迷戀在詩詞歌賦一樣的自然，就像迷戀在運動、賭博、歌劇、電玩一樣的自然，這種迷戀包覆著層層的文化包裝，更難深入，更難一睹真相，更難登堂入室引致更強烈的身體意志改變與投入，這種感覺更為複雜立體，全面欣賞的不只是身體感覺，觸覺、視覺、嗅覺、痛覺等，更加入強烈的意志力量，堅持、忍耐、文化力量，社會對身體扭曲的力量感受等。

現代人以佛洛伊德，以金賽的「統計」、「科學」方式來定義性生活、做愛方式、做愛技巧與頻率，起於愛撫調情終於性接觸、性高潮，把隨性的性生活定義成像西餐一樣，要有標準的動作與準

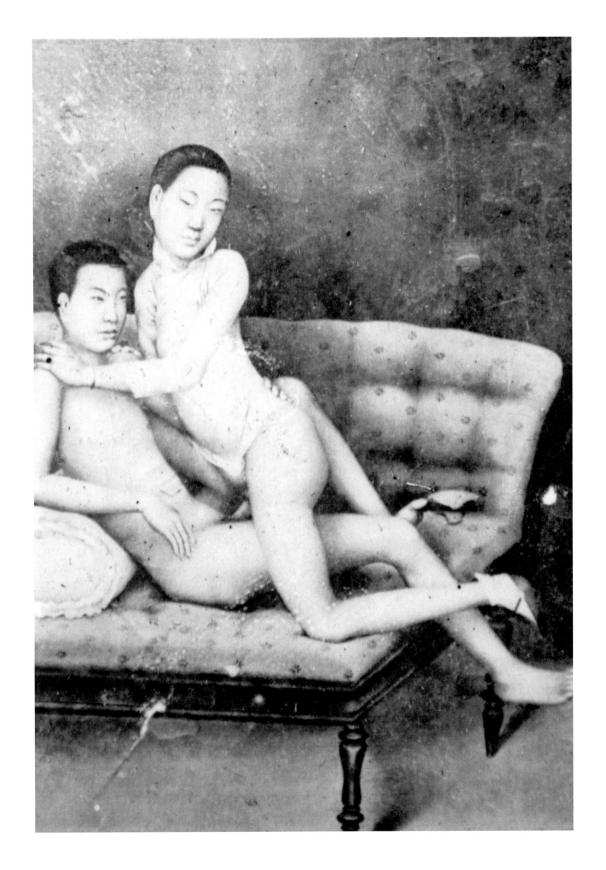

則需求。其實中國人的性生活,就像吃、喝、拉、撒、睡一樣,雖則追求享受更好的,但是平時無所不可,性生活可以只是調情,也可以是足戀,肌膚接觸,慕然一渺、驚鴻一瞥,身體感覺,肢體感覺,性可以是異性間的解脫,同性的繾綣、愛撫,心靈感覺。

纏足提供了新的感覺方式與性關係。性曾經被中國人認為是養生、治病、調理、情趣,但纏足大量風行以後,性生活的方法和目的顯然產生了很大的改變,變成一種赤裸裸的情慾,生活發洩,變成一種追求無盡的身體刺激、感覺、鬆弛,金蓮欣賞相關的情趣(方絢的《香蓮品藻》),手腳接觸也是一種性行為,重視接觸、嗅覺等,不再是野地狂歡的愛(失去野性),是一隱幽的性愛方式,性是一種享樂,提昇性享樂的豐富性。纏足風俗形成以後,中國人的性文化有什麼根本的改變,民間享受帝王式的性招待(平民文化的興起),好孩子藏在家裡不會去與人野合,多妻制更為盛行,女人是屬於家族的女人,性是神祕、私密、羞祕的,性與慾緊密結合。

身肢柔軟、徐緩、憂愁、沉靜、內斂、內在的感受。男女主動性完全異位,婦女解放運動,不是婦女性的解放。電影是第八藝術,因為結合了聲光舞台,性可以創造第九藝術。因為結合觸覺、嗅覺,與身體感覺,不只是遠距離感覺而是近距離感覺的藝術。自一千年前纏足風俗誕生的那天起便備受爭議,但不管人們給予它怎樣的評價,纏足做為提昇性感的手段無疑是成功的。

致命的吸引力——牡丹花下死

　　常看到很貧困的生活環境還堅持裹小腳，超越經濟與理性。是怎麼樣的社會強化，讓小腳的力量，吸引力、價值，愈來愈放大。這代表性吸引力，可以因集體的相互影響而逐步強化。整個民族長期的集體性關注、性意念、性催化。不同的民族對於生活的堅持甚至是用生命在做堅持，就像滿州人要求漢民族剃髮，到最後漢民族還是乖乖地剃了，但是漢民族還是冒著生死的危險，保留下纏足的風俗，是男降女不降嗎？還是存在小腳世界裡的致命吸引力，到最後連滿州人都喜好上了小腳的女子。

　　纏足產生的性吸引力，較一般性吸引力為大。什麼樣的吸引力，讓清代大儒戴震（東原）恩寵小腳女子。什麼樣的吸引力，買入瘦馬，金屋藏嬌。產生比性愛更強烈的動情，牡丹花下死，做鬼也風流，銷魂蝕骨。

　　什麼時候開始把妲己的故事做為纏足的起始，竟然這一個傳說成為清末民初婦女普遍認同的起始。狐狸精的故事充分隱喻著女性狐媚害人的告誡，清中、末期《聊齋》最盛時，幾成為另一兩性關係，小腳的狐媚女人會媚惑男人，縱慾喪身，太多的性生活，會導致身體衰敗，具有性吸引力的女性，足以引誘男人喪命，美女有許多具有超凡的能力，稱做精或仙，這些是修練來的。什麼時代開始努力的寫出美人傾國傾城的故事。

　　小腳讓整個民族淪喪其中，連到清朝末年社會動亂，經濟凋零生活困苦的時代，仍堅持纏足，仍堅持娶纏足婦女。《金瓶梅》中潘金蓮的角色，不就是小小的金蓮懸著讓男人去搏命，一親芳澤死亦甘。小腳的性吸引力是怎麼來的？來自於束縛的感覺？來自於拘謹的步態？還是來自於可憐？女人在尋找感覺，惹得男人一起努力共同去尋找感覺同修，紅顏知己，當女人這一種感覺退潮了，也就不再具有吸引力。人類對原始性慾的追求超越理性思考。

纏足痛——纏足過程感覺

在身體保護主義、身體權保護之下，讓虐戀的產生空間變得非常狹隘受到限制，由家庭為單位的國家組成，進化到個人主義的時代，國家由個人組成，保護個人身體權，只有國家能執行對個人身體的侵犯，與家族社會的時代不同，那個時代，為家族形成繁衍得以侵犯個人身體，虐戀可以更侵入性的產生。

在沒有解放纏足運動的時代，纏足似乎不受到嚴格的批判，在文學描寫中，婦女小腳反倒是像講述一個男人學問高尚一樣的優點、特質，小腳纏束的痛苦未被明顯的點出來，纏足過程類似S/M吸引人的特徵也未被充分描述，在解纏運動中這些反成為眾人爭相凸顯的問題，也許事實上多數的纏足並不像一般所說的那麼殘忍可怕，為何歷經千年一直到清末才有人具體的提到纏足的痛苦。清末民初，解放纏足運動的時代，所有反抗傳統的女性，突然都發現纏足是疼痛的，在日後的回憶錄中，將反抗纏足的經驗當成是女權運動的先知。奇怪的是一千年來，所有的女性沒有覺醒，沒有反抗或只是反抗沒有匯成流。纏足過程並沒有所述的那樣長期深刻的痛苦。「小腳一雙，眼淚一缸」，也許說得太過，言過其實。在解纏運動時，纏足可怕的一面似乎是被誇張了。

纏足引發出來的是全面性的感覺，有壓迫感、酸痛感、關節感覺、神經異樣麻刺感、血管膨脹感、觸覺熱覺等等。王平認為纏足的痛是人體最劇烈的疼痛，但有人認為關節痛是僅次於生產的第二級疼痛。疼痛在中國好像是一個不是很負面的名詞，承擔與挑戰疼痛卻是一個正面的名詞，中國人不覺得止痛是一件重要的事，就好像去除煩惱不是重要的事，去除負擔反而是一件逃避的事，這是中西醫學發展上很重要的出發點不同。

看來纏足是尋找到了身體上最強烈痛覺的部位進行訓練，讓訓練的記憶深刻地烙印，足以喚醒各種的自律神經記憶。高彥頤教授也嚐受纏足的感覺，這種感覺不一定是痛，其實有許多人體私密感覺境界的探索與開發。相較之前與現代人知識訓練相比，纏足不過是重在於身體的教育改變，現代求學重於腦力知識的訓練與開發，都同樣的經歷了困難的訓練過程。長頸族和束腰族因為整個風俗並未終身長久執行多數並未產生永久的身體改變，纏足婦女雙足歷經數十年改變後，多數會產生身體永久改變。

原來疼痛並不是絕對的感覺，疼痛是一種經驗的感覺，疼痛可以引起更深層的自律神經反射，可以是不可消受的感覺，也可以成為性感覺的引動，可以造成精神

上永遠無法消受的經驗或可怕的憂鬱。什麼樣的疼痛可以轉換成性愉悅的動力，這必須是疼痛的施受，以性的感動為出發點。以罪罰為出發點，以醫療為出發點，意外傷害，無故的傷害，無法形成虐戀的動情因素，必須以性刺激、性挑逗、性高潮為目的的身體刺激，可以構成虐戀的元素。虐戀與男女情愛不同在於它沒有一對一對應性，它可以成為廣大人群共同接受的感覺。建構出疼痛──感動的條件反射，小腳上就像一對淚葫蘆，擰一擰，淚水就不停的滴出來了。

　　纏足是一種歷史回溯、是性幻想，是一種歷史記憶。對小腳的性衝動，來自於小腳，還是來自於對纏足過程回憶的勾取，或對纏足疼痛過程的憶想？纏足過程的疼痛可以是強烈的摧情春藥？纏足的性是誘發於當下，還是從歷史中去勾取？或兼而有之。將疼痛成為教育、道德、成就、勇敢、艱忍不拔的標準。

　　纏足用藥有香蓮散、軟骨藥，瘦金蓮方，爛腳藥，卻沒有止痛藥，止痛藥的概念除了東漢末年神醫華佗的「麻沸散」外，幾乎都是西方傳入，中醫的概念從來不在止痛之上。痛不痛，好像也不是中國人關心的重點。直到清末外洋引進凡拉蒙（veramon）來止痛。止痛藥好像不是明清時代中國醫藥發展的目標，這也使得外科發展受限。從腳底按摩的種種功效中，我們可以尋找出裹腳的功效，在各不同的關節肌膚疼痛下，可以做出不同的自主神經反射，這些反射有效紓解身體的不適，如針灸學者所提倡的〈二十四總穴歌〉，其中有「肚腹三里留」，也就是說「足三里穴」足以有效減低腹部痙攣性疼痛等，其他穴位也許有其他不同的局部反射？

　　常見的虐戀性疼痛刺激包括熱刺激（滴蠟燭）、拘束刺激（綁繩子）（裹腳）、肛門刺激、體內刺激等等刺激，一方面擴大了刺激接受的範圍及強度，也增加其多樣性。也許S/ M就只是另一個系統的反射。大量的疼痛感覺，引發表皮血管的擴張充血，如同陰莖的充血一般，產生勃起反射。身體的疼痛感很容易引發持續性的勃起。經歷過持續性勃起者很難再滿足於所謂常態性性行為。經驗持續性勃起者，對於性的關注到各種不同的身體反射。由此可知身體的感覺（體表感覺）應是身體很重要的刺激原受器，透過體表感覺有效的改變體內的衡定狀況，這種改變是隱微且不太具有專一性的，有點像音樂對人體的治療。

　　女性在做愛時的感覺，成為反射在男人身上的知覺，這種欲仙欲死的感覺，以前不曾出現在性論述上，在明末才被人描述了解，了解這種感覺的普遍性，有助於把纏足痛，引申入性愛的感受之中，加深他們的感覺。

　　美國暢銷作家鄺麗莎（Lisa See）認為「疼愛」這兩個字，不僅體現了女兒在經歷母親親手折斷女兒骨頭時，那種深藏於內心深處的精神痛苦。歷史學者高彥頤（Dorothy Ko）懷疑纏足痛的敘述是男性觀點。其實纏足疼痛的議題，是藉由解放

纏足運動時對纏足痛的非議挑起的，反而讓男性關注到疼痛的焦點，長期纏裹過程中疼痛，反倒不是那麼重要的感覺因素，或者說不是那麼讓女性憎惡的因素。纏足疼痛成為解放纏足重要非議，很長的歷史中，只注意到纏足美的層面，幾乎沒有文章論及纏足疼痛。清初反纏足的論述，也沒有纏足疼痛不好的說法，李汝珍的《鏡花緣》所處的太平天國解放纏足運動環境，讓他很容易去立體化的關注纏足痛覺，並做非常鮮活的描述，很奇怪的，這樣的文章是很少的，也不是以前人所關注的。很多這樣的敘述反而成為性的描述，纏足的日記，敘述纏足的感覺，不像是生活體驗，反而像是肉體感覺，像是露出傲人的特異的身材那樣的感覺。

柔花軟玉（筆名）說，纏足的原則是「不能不疼，也不能太疼」。開始練習走路，腳趾有些跳疼、酸疼，最疼的莫過於被逼著跳繩，踩腳趾時有鑽心的疼。裹太緊有可能不疼，但會壞死，所以不疼是不容許的。凌波玉足（筆名）說，小時候裹腳就是不太疼，書上寫得太不真實了。

疼痛感覺的感受，會不會是性感覺的開發，疼痛的感受是否較接近性快感的感受？也許「愛」、「情」，都沒有「痛」那麼接近性快感。性行為的焦點，在男性身上轉換成肢體、身體的感受感覺，而不是高潮後洩精的自律神經反射，──性交持久。當疼痛與「教化」、「身體美」，等正面概念相結合後，疼痛不再是痛惡排斥的身體感受，女性才能從疼痛中學習性的性感。

筋骨疼痛是一種膚淺、表淺的感受，所以纏足用筋骨肌膚疼痛尋找身體內層，更加深刻的解放與喜樂。疼痛有時是非常主觀意識到的感覺，而不一定是一種客觀的感覺，可以因為排斥、厭惡、逃避而使得疼痛更加恐怖與難受。社會集體認同下的疼痛，會變成自然的處遇，自然需要接受，很自然的接受，減少了排斥、厭惡的因素。

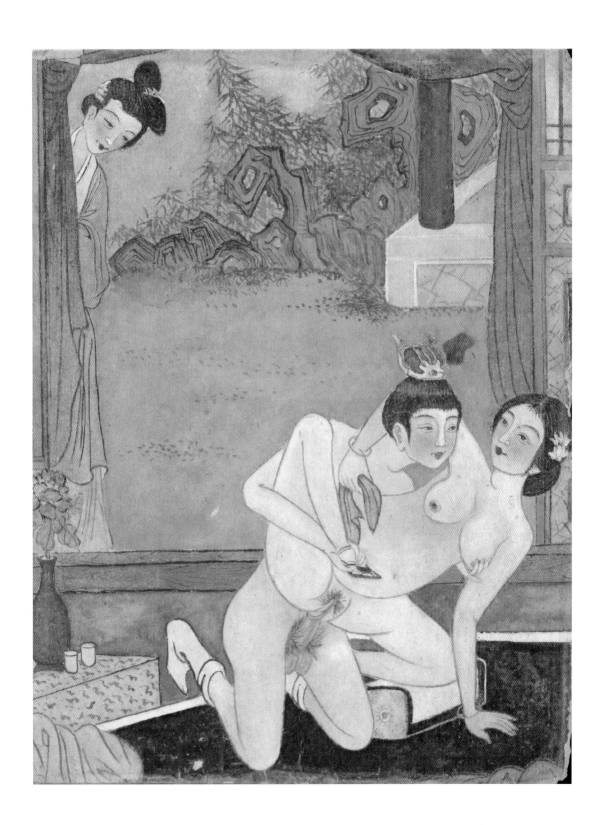

背靠桌子，陰部用春椅把手插入固定，讓小腳女人動彈不得，一腳跪在春椅上任他擺布，剔陰毛取樂。另一邊兩女正用壺水沖陰挑情，把奇幻的遊戲帶出性歡愉。

虐戀──從金蓮峰到梟獍奇聞

　　戀足、戀履癖、受虐、施虐，在纏足的世界變成一種常見的性心理形式。這些隱含有病態的性心理傾向，成為日常的思維方式，這是怎樣的環境與社會改變。整個文化都在腳的改變與疼痛情狀上打轉，自然進入了戀足與虐戀的世界，這代表戀情可受社會的引導與改變他的形式。

　　當小腳吸引人的地方，成為一段可憐的纏足故事，可愛可憐的小腳，在這樣的環境下，虐戀的情節逐漸出現，成為主要的動情因素，金蓮峰與殺人狂的出現就不再是意外了。在清代彭遵泗的《蜀碧》中，金蓮峰的故事一直是讓人無法置信的內容，有必要做比較完整的背景介紹。《蜀碧》原本是一本不容易的原著，收入《四庫全書》，為早年彭遵泗入京時所作。彭是四川丹棱人，當時他也想搞清楚明末家鄉發生的這一重大變故。為了寫好這本書，彭收集了大量史料文獻，《蜀碧》中所引證的書目幾乎收盡了當時記載張獻忠據蜀的所有史料。其中包括《明史》、《明史綱目》、《明史紀事本末》等二十五種。他的考訂工作做得很細、很深。雖然《蜀碧》不像《荒書》、《聖教入川記》等屬第一手資料，但在第二手、第三手資料中，應該算是最好的和最有價值的。特別是所選錄的一些史料，今天已不可見到了，就更顯其可貴。《蜀碧》一書，還大量記載了張獻忠殘忍、變態的殺人方法。傳說，有一回，他把婦女的小腳砍下來堆成山形，帶著他最心愛的小妾去觀賞。小妾笑著說：「好看好看，只是美中不足，要再有一雙秀美的金蓮做蓮峰，就再好不過了。」張獻忠想了想，笑眯眯地說：「你的腳最秀美，就適合做蓮峰。」於是把小妾的腳剁下來放到蓮峰頂上。隨後，他又派人將這些小腳架火燒毀，名為「點朝天燭（足）」。

　　姚靈犀的《采菲錄》續編中記載一段「梟獍奇聞」，姚靈犀也認為其所記多淫虐之事，而且有很多不合情理，因此他只摘錄有關纏足的部分如下：「姬人秋間，新僱傭婦吳氏，浙之開化人。年三十六，兩足纖小，行步伶仃。姬勸其解放，吳謂自幼即纏。在王家為傭五年，且夕隨主家諸婦與同傭之表姊日事纏束，已成

慣習，今若稍寬弛，轉難步履，且覺有損美觀，並歷訴王家事，……主婦與諸妾皆纏足絕小，行步孄娜，例於早晚緊纏一次。睡時復加緊，且納睡履。僕婦婢女亦受主人主婦監督，偶見偏褪寬鬆，立褫而鞭之，不稍恕。更令他婦為之加緊，必至不能加緊而後已。故諸妾視纏足為要課。……夫人性暴，恆裸笞諸婦以為快，諸婦不以為苦，反以承夕為甘。諸婦之足以峻削尖瘦，步履艱澀為貴。故纏必至緊，夜睡時約束尤嚴。著妃色睡履，墜小鈴三四於鞋。痛不成寐，則泥主人為之捏舒。三四姨以腕弱，均倩大二姨代裹，非緊繞盡痛不止。……吳媽自謂足約三寸半，王氏督課嚴厲，如凌幼女，不半載已減為三寸，然猶嫌銳而不窄，背高不平。逼勒益甚，寖至潰爛，趁此復加緊束，且強其多行動操作。如是者又半載，潰爛平復，趾果瘦削。一年之苦，實為終身之幸。雙足既小，彌自珍惜。履日一易，深得主人歡心。……」

因為對小腳形成的好奇與關懷產生了虐戀的情節，虐戀是對小腳關懷欣賞，深切體會，感同身受下同理心，移情出現的，與其說是殘酷不仁道，不如說是在做更深層直接的體會，像是在對他人努力的讚賞，感受那份為美、為愛情、為性的執著與用心，像是對曠世巨著的欣賞，像對搏命演出藝術家的深刻欣賞體會，那種感動當然也相對來自對纏足獻身執著的堅持與獻身的力量的大小，是男女為了愛情所投入的奉獻與激烈的感受，因為外在環境無法善意解讀，這樣的偉大施受的激情行為，被認為是一虐待、苛待、處罰，對這樣行為的激賞，也成為是虐戀、變態、畸戀，也許真有許多已跳脫出愛情的激情範疇，但是我們寧可以偉大的愛情動力來讚嘆，欣賞，人類情愛力量併出的火花，產生的刻骨銘心，更強烈更有勁的身體奉獻與感動。身體的感覺遠超過性的強烈，遂取代性的快感成為主流。

是暴力血腥的社會產生纏足風俗，還是因為有纏足風俗使社會變得更為殘暴，其實沒有太多的證據認為這個社會歷經千年纏足後，變得更為暴力血腥殘酷，反而是畏縮，守本份的個性。

奇怪清代中期以前纏足一直沒有虐戀情節，在明代及清初的作品中完全看不到有任何虐戀的情節（與小腳有關或玩腳有關的虐戀情節），有些情節像西門拾筷子偷握腳的情節，比較像是挑情而已，而不是虐戀，在葡萄架上拆下潘金蓮裹腳布施虐情節，看不出明顯的足戀。也許有些人會認為《采菲錄》虐戀情節的文章，都是幻想創作出來的。虐戀小腳的事，將對纏足的狂戀推入更高峰。只有在清末民初當纏足已經變成一件可望不可及的歷史陳跡時，開始有人創造出一種極高困難度的虛構小說情節，來滿足幻想。在真實的纏足生活世界裡有沒有虐戀的情節？即使是有，恐怕只是一場逢場做戲的形式。現代將身體的傷害與改變，變成一種極為嚴

格、嚴肅的法律層面問題，這當然阻礙了人類這方面的接觸與了解，使這部分成為知識的沙漠。

有許多男人終其一生不了解纏足的感覺，在這種前提下更不可能將戀足、戀蓮衍生成為虐戀，虐戀的感覺好像是清末才有的，在這之前，從所有男性作品中沒有辦法感覺到那個時代的男人有虐戀的情愫。我看《采菲錄》書中少數的文章，《梟獍奇聞》、《無邊風月傳》當中逐漸有了這樣的情愫。當婦女纏足過程被疼痛化以後，被疼痛的公開以後，纏足虐戀的情節很自然的被設計出來。

十八世紀以前反對纏足的理論主張還沒有出現，一切都是那麼自然，很自然的可以合理地了解到纏足的動機與行為，這時候絕對不會產生纏足是一虐戀的行為。只有時空改變，讓纏足變得不可思議時這樣的性幻想才會出現，事實上纏足是不像所說的那樣的殘酷無情，它事實上是根源在社會各種因素環境下很自然合理的行為方式。果然沒錯，就像西洋的小說，一窩蜂的出現性幻想的寫法，明末確也有一波以生殖器為主的性幻想小說，清末逐漸把腳戀幻想小說推出來。纏足的虐戀情節可能是在清中末期才出現的。

纏足不是男人幫女人纏，而是女人間互纏，由長輩為年輕輩婦女施纏，這樣的角色組成與S/ M有所不同。這是一種性虐的形式，藉由纏足的過程，進行身體虐待，產生性興奮，達到更強烈的高潮。纏足披禮教及社會習俗的外衣，為性虐戲提供了合理掩護，纏足本將婦女置於全身肌肉緊縮，精神恐懼，楚楚可憐的狀態，等於預置了高潮準備期，再經推化或增快感，纏足處處以道學的姿態出現，呈現出非性非淫的面貌，暗地裡卻是性虐待、戀物淫，最強烈而具體的形式。

在解放纏足的時代，其實有很多的纏足故事是故意以虐待的角度敘述，將違反人性的成分擴大，包藏在纏足身邊的故事之中。被稱為情色小說鼻祖的薩德（Marquis de Sade）其小說《索多瑪一百二十天或放縱學校》（*Les 120 Journées de Sodome ou l'Ecole du Libertinage*），後經義大利名導演帕索里尼將其拍成電影《索多瑪一百二十天》。描寫了一百二十天暴亂的性生活，其中包括各種對被綁架的或被奴役的男女青年的性及殘虐行為。其故事中充滿了虛幻、幻想的精神境界。日本的與歐美的S/ M，也常是虛擬的世界，這讓人在纏足世界中找到可能的虛擬世界。纏足如果是在S/ M的世界中為什麼明代、清初都沒有人提出這樣的觀點？「日間憐惜，夜間撫摸」與S/ M的世界基本是不同的。

身體的痛覺不就是幫異性感受到身體的感覺，性行為不就是用許多表情動作、叫春等，來增強異性對性的感覺。纏足的痛能提供這種身體感覺。有許多蓮友出現的幻想是男人纏足，我想在《鏡花緣》的女兒國故事中，也含有男人受虐的故事。

日本S／M片中拘束的女人虐男的情節，與歐洲漫畫裡束腰女王鞭抽男人的場景，是非常相類似的，代表有許多男性也有被虐情懷，但為什麼都是被束腰女性施刑，有沒有被纏足女施虐的案例？類似這樣的情節，為什麼不會在中國發生？

　　纏足時足部關節韌帶扭折所帶來的痛苦，足部束縛產生的壓迫感，行走時重心難持所產生的身體感覺，這些感覺建構在纏足風俗架構上，感覺、感受、使用是那麼自由方便，成為婦女廉價的身體感覺享受。身體享受一直未被開發，其實它與金錢、物質、美食、奢豪衣飾的享受一樣，讓人心曠神怡。但幾乎沒有被重視開發，即使西洋人的各種身體運動，也只開發了運動神經的身體，身體感覺常被視為負面疼痛的，成為懲罰的焦點。疼痛有些確是身體異常的警訊，但為什麼不能成為身體享受的元素，高跟鞋、束腰、馬甲都成為負面的服飾。西方人近年把推拿、針灸、整脊、瑜伽等視為另類新的生活時尚代表，這些在傳統西方世界裡不存在的，當然瞭解也不夠深入。

戀足文化受到長期
的描述、關注、論
述、體會，豐富了
內容，得到社會更
多的共識。

戀足癖

　　腳能成為依戀的對象，在於腳形、姿態的多元性與文化多端，
腳充分表現出人的七情六慾。為什麼戀手、戀臉、戀乳就不稱為癖，
是因為普遍認為那是一般的性取向，戀瘦腰、戀身材，不也如此，
那麼就是只有腳是不該愛戀的，是病態的，真奇怪！為什麼不能把
戀足也當成戀臉一樣的自然，而不要稱為癖。《采菲錄》書名取自
《詩經‧谷風》：「采葑采菲，無以下體。」是至今為止整理彙編
纏足史料最為齊全的著作，相信也是空前的一部著作。該書名為采
菲，其實正反應出大量的戀足癖藉由雜誌書稿，尋求精神上的滿足。

　　西方以戀足稱為一種癖好，似乎有病態的暗示。在這樣的社會
環境下，所能領略出來的足戀情節很難太過深入。中國把戀足當做
奇怪的現象，可卻是普世廣泛進行的性動情、挑情方式，幾乎人人
做，確少人講的一個現象。解放纏足運動以前，幾乎沒什麼人質疑
這種性挑情的怪異，質疑的只是女性身體無端受罪。戀足癖是一種
對腳的過度關心，遠超過對身體其他部位的關心，僅是一部分的人
如此。關心腳的表情、感覺、表現、動作、軟硬、體會等。《采菲
錄》中所說對小腳一握就知道是誰的小腳，可見對腳有很多的關懷
體認。

　　纏足將教育的用心，身體改造的用心，姿體表現的用心都集中
在一雙腳上，將腳的角色充分的放大成為身體的主角，像現代人認
人用臉；對人的感覺用臉部表情一樣，小腳改造以後更增加了人文
的角色，也就是自然的腳成為文化的腳，一雙文化的腳可以表現
出更多思維的生活的祕密。如果這個依戀情懷，是一廣泛的社會取
向，那麼用「癖」來形容反有些不當，——廣泛的愛不說是變態
的。現代婦女幾乎將絕大多數時間與化妝心力花在頭臉美容上，相
對的是不是也該取名為戀「顏」癖，其實不只打扮、化妝在頭臉上
費心，連見面社交的熱吻，對人認識由臉著手，所有證件採用臉部
照片，而不採用更具個人特色的腳紋、掌紋、手形。

　　性接觸可以是身體許多部位的感覺產生的。腳部只是其中的一
種部位。整個社會都對小腳、纏腳，接受甚至痴迷，那麼這個社會

的戀足癖是否成為一個較大的族群，其實這種愛戀的文化是需要學習與灌溉的，必須有更多的描述、體會、文物、行為，引起更多的關注，就成為新的性取向，大乳房、豐頰、束腰、紋身等不也都是如此。千年來從開始的珍藏寶愛雙足，演化成特異的肢體塑形文化，中間藏著太多的社會、民俗、兩性、家族、生活、性愛等的特殊演變。當年西方人創「戀足癖」這個詞時，對這個行為認識與描述充滿了病態與不正常。但是進入了東方世界，戀足癖成為基本的情愛。如果把與生育無關的性行為都視為病態，就阻卻了性行為的多元化與豐富性，這是一種倒退封閉的概念。

承受

　　纏足是否源自佛家承受的精神，能承受的愈重，更顯出個人的價值。身體上的承受，精神上的承受，肉體上的承受，生活上的承受，試練出人的堅強與耐力。貞節牌坊與烈女事蹟所表彰的都是對環境、社會、物慾，生活無情壓力的承受所表現出的艱忍不拔精神，也就是這個「承受」是舊社會裡對婦女最高的期許與讚揚，千年來主政的政體更迭，但這個價值卻長久未變，成為最核心的婦女價值規範。這個概念來自於法國女作家安娜・德克洛（1907-1998）以「波莉娜・雷阿日」為筆名而創作《O孃的故事》（The story of O）一書，但是不是在虐戀上就往往推出承受的角色，還是承受也必將在性生活中扮演重要的摧情角色？

　　纏足痛苦過程的承受，生活不便的承受，逆來順受，封建體制下種種壓迫的承受，從小用身體的承受，試練出長大能經歷社會與人生重大的衝擊，像在疾風中的勁草，愈見平凡偉大與動人的力量。

　　性行為不過是兩性交換肉體感覺，纏足讓女性自我開發，提供更深的感覺給異性。

憐惜

　　纏足美人的共同的特微是白皙、柔軟、順從、依賴、低聲下
氣、善解人意、多愁善感。突顯出這樣的人格特質，有利於男性主
導下的環境中受人注意照顧。許多民初的小說描寫的就是這樣可憐
虛弱、無助的婦女，成為男人幻想受憐的對象，這一部分的鴛鴦蝴
蝶式的文章，還不曾有人為文仔細討論它的創作動機。同樣的春宮
畫畫成清代人物就成為可憐，愁苦、瘦弱、憂愁的形態，民初的香
煙盒的美女畫及美女月份牌，受到西洋的影響一變而成為豐滿、陽
光、健康、愉快、笑容的面容。同樣在清代的婦女照片，也看不出
健康型，反而是盡量展現虛弱可憐，面無表情、愁苦、柔弱的一
面，如躺在床上，手支案几，弱不禁風的神態，惹人憐惜，而不是
讓人快樂活潑起來，男性顯示威儀，女性顯現端莊順從。

　　像是在制度上、家族體制上、兩性關係影響上出現的社會壓迫
行為，這才會引動性慾。純粹的殘疾，反倒與性慾無關，透過這壓
迫與被壓迫的感受，人們學習到那種身體的感覺。奇怪這惹人憐惜
的情愫是很不一樣的，與殘廢的人不同，與窮苦的人不同、與生病
的人不同、與無知的人不同，值得憐惜的是她為美所做的奉獻、犧
牲，為什麼這種憐惜的力量如此強大動人，而且引動人的是一堆的
人。柏楊所說河南婦女裹腳時旁人嘖嘖讚嘆的聲音，充滿了讚美與
憐惜。清代李漁說的「日間憐惜、夜間撫摸」──其用為何？

　　沒人的時候，她自個兒背著向床裡，握著小腳，又握又持的，
看見人來又羞怯地把小腳急忙放下，問她怎麼，眼角還有淚水，只
是用袖口偷擦過，嘴裡還硬著說「沒有沒有」。有太多描寫金蓮的
詩與散文，充分的利用憐惜來鋪陳兩性之間的感情。要羞澀害怕，
看起來勢必羞不自勝，捏在掌心，但見微微抖，十足膽怯般要人保
護。看看清末的小說內容中兩性關係有許多著重在憐惜這個情節
上，看看《紅樓夢》中到底有多少愛與多少憐，這與西方應有許多
不同，至少描述的重點與雙方的愛情出發點是不同的。如果憐惜真
的取代「愛」，成為當時的重要情愫。我看整個情愛體系也會產生
很大的改變。

縱慾──口味這麼重

小腳婦女與高跟鞋的婦女、束腰的婦女一樣展現出的是一種強烈的旺盛的慾求，旺盛的精力（陰力），狂熱的慾望，腳愈小表現出來的情慾指數愈高，這種感覺很明顯的存在，但是卻又說不出它是一種什麼具體的東西。像日本刺青穿束身衣的M女，展現出強烈的性慾求，追求更強烈刺激的身體感覺。纏足婦女、追求很小腳的婦女，是不是具有同樣的欲求。性慾被提高，就像口慾、物慾被提高一樣，本來性也可以是很平淡的，很淡薄的，但也可以藉由身體感覺的喚起，產生強烈的欲求，追求更強烈、刺激，自律神經更全面喚起的劇烈波動，這些都將刺激腦啡的分泌，形成成癮的現象。什麼樣的時代，能容許這麼多的人陶醉在這麼奢侈的身體感覺中。享受身體強烈豐富感覺是很奢侈的，只有在繁華的年代能有這種享受。

纏足的社會成為一個對身體感覺、疼痛感覺、肢體感覺的享受口味越來越重的社會。代表那是一個追求強烈身體刺激的社會。這與現代人追求強烈眼睛刺激，強烈聲光刺激是不同的。從身體感覺進入性喚起的途徑。隨著社會縱慾的脈動，纏足步步進入高峰，如北宋末年的繁華、南宋的聲歌享受、明末的奢華、清中期的生活糜爛，一步步將纏足的性享受推入更高峰。單純的男女性性接觸，在纏足的殿堂中成為非常繁複，感覺加強，環境社會禮儀複雜，兩性飢渴強烈的一種性行為方式。

在舊社會中國有組織有規模的性產業，較任何國家都為興盛。性產業合併餐飲、住宿、娛樂、歌舞、詩樂、人口販子、妓女養成，成為龐大的服務業體系，由來已久，「揚州瘦馬」就是其中的例子。從十世紀以後可以說進入了中國的「文藝復興」，或者說進入一個奢靡繁華的紀元，不只是衣食的溫飽，更追求平民生活化的藝術，日用品的藝術，藝術生活化、實用化，千年來幾乎連常民用品都充滿了藝術的刻劃。小腳弓鞋、繡花弓鞋可以說就是在這樣的紀元下的代表。不再滿足於平凡的接觸，更廣泛的尋求身體刺激，男色、肛交、虐戀，都在這個環境下產生出來。

小腳婦女展現強烈旺盛的身體感覺慾求，享受繁華奢侈強烈多元的性愉悅。

纏足本身就是一種強烈的身體刺激。床第上的性行為相對的沒有太多政治教條，社會規範。潘金蓮是一個縱慾的典型。性行為、性刺激，成為主要的身體刺激。女性被限制在閨閣房室，身體的接觸成為主要的人際互動。有了第二性器官——小腳的女性，更有資格沉迷於身體感覺的體驗與滿足。

都具有強烈的肉慾，這種力量與沉浸於麻醉的人不同，到底是一個什麼樣的情愫？很明顯的看到他們互相的強烈吸引，這就像清末慶親王奕劻的長子載振與歌妓楊翠喜中間的吸引一樣的。這感覺退潮了，那種吸引力就消失了。——也就是說纏足束腰像兩性的求偶舞那麼具有吸引力，像孔雀的冠羽開屏那般的燦爛，像蟋蟀的求偶舞具有原始的性的動力，但動物的行為都是即時的，不像纏足具有那麼長久的吸引力，當然也從沒有一種動物具有那麼長的思春期與交配期。

纏足的目的是讓婦女不拋頭露面、不輕舉趾、防止淫奔，但人性的追求豈是高牆、禮教、纏足所能絕隔的。

纏足非性

　　纏足與性的關係可能被過度渲染誇大。纏足的性與一般所認知的並不同。纏足也是一種隔絕淫亂的方式。纏足本來只是一種民俗文化、生活文化，談不上一種性文化，逐漸才與性文化相結合。被發現到纏足與性生活有關，反而是導致纏足文化滅亡廢除的重要原因。清中期以後一直有反性的思潮，把性當成是萬惡之始，「萬惡淫為首」，不知什麼時候開始說的？清初反纏足的論述中沒有提到性與淫的問題。李汝珍的小說《鏡花緣》反而提到「與製造淫具何異」。怎麼會流行了一千年以後，才突然發現是造淫具，這與儒家婦女教育的基本精神完全不相符合，也相對地因這個矛盾導致纏足文化的消失。纏足本來是讓婦女謹守禮教，不淫奔、不淫亂的設計，怎麼反而是一淫具？

　　傳統的「房中術」一直很健康的存在，當「房中術」被視為淫穢時，性行為只能化明為暗，暗中存在、暗中發展，也是為什麼高羅佩（Robert Hans van Gulik）竟然不知道清代性生活變成怎麼回事？纏足在清代更大的發展是不是停止了「房中術」進一步的發展，清末民初出現的不再是更勁爆的「房中術」，而是「蓮術」──也許這不算是一種性行為吧？「不是一種淫行吧！」。這與明末那種渲染誇大、幻想式的性境界是不同的。清代禁毀小說，把中國人性幻想的自由都限制了，走上了不是「性幻想」，不是「性」而是更為詭異的纏足世界。高彥頤（Dorothy Ko）教授是在反纏足、解放纏足的史觀上來建構纏足史，這當然是值得質疑的，如果歷史信念是反纏足，就不會有纏足文化流傳一千年。

　　纏足小腳婦女在男人眼中是充滿了性挑逗、激情、淫慾四溢，但一翻臉，卻又是守貞，謹守道德規範，貞潔高尚的非性典範。在性與非性之間更加接近，難分難解，在更高的情挑與更高道德間，顯得只有更窄的分際。也許情慾與道德本來就不是對立面，把非性列入社會道德的範疇，得再思考非性的定義與價值何在？在封建時代，是稍涉禮教規定之外的兩性關係，就被視為淫穢的；更不要說性愛了，禮教所承認的兩性關係的唯一形式是夫妻，但禮教規定的

男婚女嫁的目的，只是「上以事宗廟，而下以繼後世」（《禮記・昏義》），因此婚姻不是個人的事而是家族的事，它的實現必須通過「父母之命，媒妁之言」的途徑，這樣的婚姻，實際上只能是排除個人性愛感情的倫理形式，但這一形式對禮教來說，卻有著基石般的重要意義，所以程朱理學才將「禮教禁欲主義」推到極端。禮教禁欲主義是對人的本性的異化，是人性發展的桎梏。中晚明以來，言情小說大量出現，因切近生活不可避免地要描摹現實生活中大量的兩性關係，這些關係不能完全依照禮教模式，有些甚至完全與禮教對立，這無疑觸動了傳統文化最敏感的神經，不同程度地構成對禮教的褻瀆和挑戰。纏足未受到禁絕，也現出纏足非性的一面。

　　從宋代到清代，纏足愈來越瘋狂，變本加厲，也許在明代以前並沒有那麼強烈的性意識，明代中後期以後，配合高底鞋出現，小腳愈變愈小，纏足的性意識愈來愈強烈。很多時候纏足的真實價值是不能明講的，所以也只能講祖宗規矩、讓婦女不拋頭露面、聖人重視婦女、好婚嫁、走路好看……等等似是而非的理由來為婦女纏足，其實世世代代下來男人讀書的目的不也說不清楚嗎？

女性掌控

　　女性掌控性知識，性行為的主控權，由女性發起，性知識是女性的知識。避火圖是母親授女，出嫁前由母授女交接之術。女性藉由掌控性，掌握家庭、掌握男人、掌握傳宗接代，這些是女人的全部希望。

　　狐仙的故事顯露出女性化主動為被動吸引男性，掌握性行為的節奏。纏足是化主動為被動挑情動慾的手法。掌握性行為之前得先掌握挑情利器。女性掌握性行為上的節奏，只要掌握到性行為時臀部陰部的靈活運動，在性行為中女陰可以縮握、搖轉、扭拔陰莖，應更像在手淫的雙手，更為豐富多元，由女性掌握陰莖送入的深淺節奏，這樣的女性主控式性行為，在漢代的《黃帝素女經》中就有深入的詳述與要求。

　　纏足婦女走路時不再是腳掌或小腿施力，而是更多的施力在大腿和腰臀，小腳形成走路時一個支點，藉由扭擺臀部調整身體重心的方式，擺動小腳的兩個支點運步，這樣的運步也許較正常足小腿肌肉收縮的運步方式較為省力，因為重心支點更高所要施力臂更長，搖動中推進，支點更小摩擦力更小，運步時的身軸支點在下腰部，所以可以見到纏足婦女走路時風擺柳葉一樣的搖擺臀部，大腿肌肉發達，下背腰旁肌的發達，幾乎背部中線脊椎棘狀突起反而因為兩側腰肌的發達而形成深陷的部分。在下背部中心兩側會摸到非常發達的腰側肌。下腰部與會陰部臀部肌肉的發達運動靈活，有助於纏足女性在性交時有效掌控性行為的主動性。

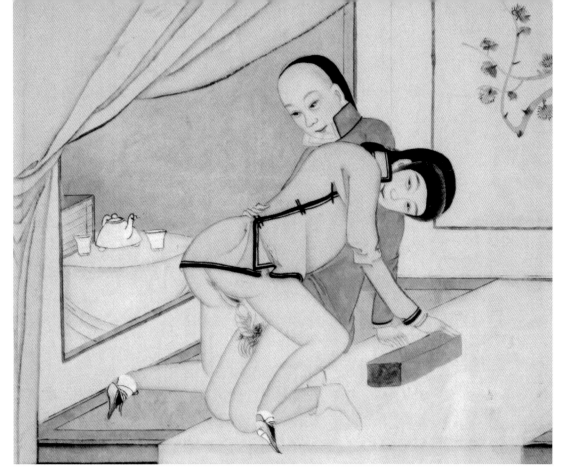

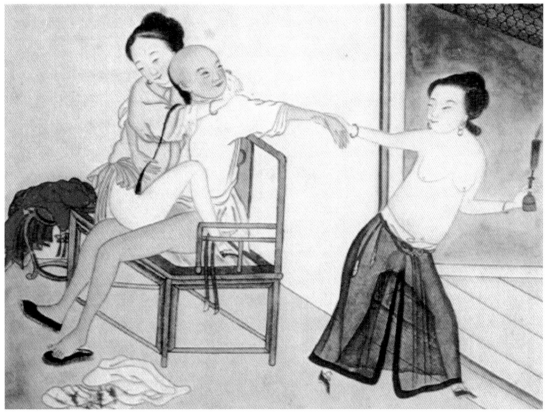

陰動、旋機

　　纏足婦女行走時在腰部臀部的扭擺。性行為時更多的陰動而不
只是被動的迎合，受力，而是主動的靈動。陰部靈動更加協調，和
諧有力量，合乎韻律。纏足婦女全身動作以扭動柔動為主。靈活的
腰部活動讓女性在性行為中化被動為主動。

　　在性行為中女性化被動為主動，有那些春宮圖可以證實？奇怪
了，竟然女上男下的春宮圖比男上女下的還要多。即便是男上女下
的姿勢，女性也用雙腿找到支力點來做腰部的運轉。這個發現將完
全翻轉性行為中女性承受的角色，女性成為性行為中主宰的角色，
反而在性行為中男性是常常處在承受被動的角色。幾乎把過去的觀
念完全逆轉。三人遊戲中常見到輔助的女性在幫助主角女性腰部的
靈動，這樣的性行為很特別。相反的大腳女性的性行為中翻轉成為
男性做為主要能動扭動者，而不是女性。

　　我們比對春宮畫中男女運動施力的比例發現在明代畫中男女施
力各半，到了清代明顯由女性施力，到了民國大腳的時代，又回到
男性施力。女性不能施力的狀況往往是小腳掌握在男人手中挑情，
但是小腳握在男人手中能形成另一個支力點，讓陰動更為靈活。
西方十九世紀男上女下的性交方式的枯燥，西方人不知如何看待這
一段。小腳小腿擁抱男性腰部，也能使陰動更為靈活。女性在床上
上肢支撐床上時，也往往顯現腰動、陰動的靈活跡象。但男性躺床
上、坐椅子上時，顯出男人只是陰莖勃起，一副等著讓人玩弄陰莖
的樣子。也許這是男人的消費市場，但是顯然與纖弱可憐的女性受
人凌虐宰割的觀念不相符。怎麼說女性就是不會直挺挺地躺在床上
任由男人擺佈，反而男人可能直挺挺地躺著任女人擺佈。日本浮世
繪一直在凸顯男性雄風，男性巨大的陽具，男性在性行為中的攻擊
性，同是東方的春宮畫，中國與日本有顯著的主題差異。

　　解放纏足運動產生的竟是男女在性行為中主動性的翻轉，這是
我們始料不到的。小腳小腿，纖細的腳反而不成為男性在性行為中
的承擔負擔力量，反而是形成靈巧的支點，讓腰動更為靈活。陰部
會旋、「會搖」。陰部深受刺激可以顫動收縮不停地強力收縮，痙

攣式的收縮。陰道可以鬆放至很大，也可以收束到極小，陰道收放自如，能自主如意地與男人交合，形成陰道在抓弄陰莖。放紙在床上、椅上，用臀部一張一張地把紙擺開來訓練腰。用罈子的訓練倒不如搖搖樂的訓練，產生更為靈動扭轉的腰肢，也許兩者合併功能更強。太極拳也講究穩定的臀部下盤，提供上身更加柔軟，這是一種可以前後左右搖動位移的下盤。

陰動讓女性掌握性行為的主動。反轉陰道與陰莖的角色，不再是陰莖主動的從各種角度，深淺不一的插入，反而是用陰道把陰莖含入，握著吸吮、揉弄、握玩，使用女性更靈活柔軟的腰及陰部，含弄搖擺逗弄陰莖，化被動為主動。為什麼陰戶就不能像嘴巴一樣地刁鑽收放含咬自如，這好像女人用陰道在幫陰莖手淫把玩一樣，這樣的陰戶更容易找到自己的G點，用敏感點來與男性廝磨逗情。陰動與陽動形成中國式性行為與西方性行為最根本性的不同。纏足女性走路時不就是採用骨盆陰部扭擺的方式來走路，這樣的扭擺與性行為中女性陰部的扭擺有什麼不同。

纏足與陰旋的功夫似乎是在長遠的中國妓院環境，不斷研究發展取得的最經典做法，是在服侍男人的前提下，想出來的好點子，同時女性反而在性行為中取得了主動而不再是被動。陰戶必須夠機靈、敏銳，才能順著陰莖的勢採取主動的握玩，而不至於在含弄握玩中，將陰莖折傷，這必須有相當的性經驗與陰部感覺。

穿高跟鞋與束腰的婦女也能訓練出類似的技巧。長期扭腰舞蹈結果也能有相同技巧。纏足的目的就在於把婦女走路時足部腿部施力的走路方式，轉換成腰部臀部扭動的走路方式，這樣的轉換看來使臀部發達，看似有利於生育，但更明顯的改變是使婦女陰部的動作非常靈活有力，具有更多的主動性和積極性，還有助於女性在性行為中的主控性，而不是被動的承受。靈活的陰部遠勝於靈活的陽具，因為陰部除了具有陽具一樣的推送、扭轉、抖動功能外，還能藉由調控收縮放鬆的括約肌，在性行為中進行不同力度的把陽具阻擋、曳拉、吸拉、堵氣，分段律動等功能。

金蓮之性

房中術與纏足（道術）

房中術的修練與現代人所知道的道教有很明顯的差異。現代人的道教像是西方教堂式信奉殿堂、忠烈祠、偶像崇拜等的形式，看來早期道教比較像是一種群眾運動，也許像白蓮教這樣的教義傳播，也許像瑜伽、體操、舞蹈社等的身心靈傳播，更早以前只是以老子莊子的思想形式開啟這個宗教的理論基礎。漢代把房中術提出來，提供（一）性歡愉、（二）身體健康、（三）傳播子嗣。

以男女的交合做為快樂與健康的手段，且是以女性來教授男性，這讓女性在性行為產生了主導，布局、投入，好像性行為的快樂，是女性的使命，於是女性得為建構快樂多采多姿的性行為投身布局，纏足不就是在這樣的氛圍下產生的嗎？關鍵的這套書叫《素女九章》，雖然是男人創作，但不就是把這套學問，放在女性的身上，男人的健康、傳宗接代、生活歡愉都建立在這上面。告訴人性交時不要一成不變，要有各種變化，各種姿勢變化，而且做的好對身體是頗有助益的，但到底對女性有什麼助益倒是沒什麼提到。

性行為促進身體健康這一部分，恐怕還是現代人無法了解的，但運動、舞蹈、瑜伽、體操，促進身體健康卻沒有人懷疑，可見現代人是生活在性壓抑的舉世氛圍之中。房中術運用著體操強調鬆緩調和的原理，讓全身經絡通順，氣能暢流全身，這與肌肉緊縮的局部運動原理完全不同，房中術也運用著相同的原理，將原本緊縮激動的性活動，配合著呼吸與動作逆轉為放鬆和緩的導引體操，這使原本是消耗性的性活動變為柔和解緩的導引術。這樣性生活避免體能立即的消耗，容易持久，同時也能更細膩的享受性生活的樂趣。

很奇怪，避火圖是由母親教授女兒，嫁妝中帶著的，連鞋底春宮畫，也是女性做的，這一套擺明了是女性主導了初夜性行為的場面，很奇怪，有許多的講法都是婚前母親怎麼樣教導女兒，但從來就沒有人強調，男孩子需要人教。

道教講求身體修練，這樣的概念是否影響了纏腳修練的概念？宋代或五代時道教有什麼樣的修練？兩性性行為也是一種修練方式。不強調戶外運動，強調戶內及床上運動，當然在女性大門不出

二門不邁的環境下，也只能是床上運動，但真的戶外運動就比較長壽嗎？客家人長壽是因戶外運動嗎？許多小腳婦女不也是長壽的？

共享雲雨時緊握
蓮瓣，更讓她心神
蕩漾，小腳不飭是
女性的另外一個G
點。

創造性器官

小腳有更強烈敏銳的感覺，減少行動上的功能卻大大的創造出新的性生活功能，性生活不再是生殖傳宗接代，是身體的刺激與滿足。性交多了一層意義，那就是接觸感覺的互相體會，不再限於傳統的生殖意義。小腳是可伸出去的性器官，具有攻擊與挑戰能力。且看下面這段描寫：「那女孩子學到一手技能，脫下弓鞋，解下裹腳布，一雙白軟軟的小腳就在男人的肩上頸上不停的磨蹭。泥著要人撫摸小腳、握在手裡，不只是柔軟，那種柔軟中慢慢蠕動的滋味真是欲仙欲死。尖尖的細筍尖弄看著乳頭、肛門。性起的時候，就在那話兒和袋子上軟軟的蠕動，不過幾分鐘，定然愈弄愈大，小腳還不停的揉弄著。」

在姚靈犀編著的《采菲精華》中，有位署名「隱俠」的，寫他在民國十七年春任公職於歸綏，一日與朋友去冶遊。認識一妓女，貌雖中姿，但她的小腳極小，隱俠全副精神都關注在此雙小腳上，該妓亦明其意，於是抬起金蓮放到他手中，這時他緊握蓮瓣，感覺柔若無骨，足長未及三寸，足尖極細微翹。妓腿稍後搖動，正在心神蕩動忐忑之間，玩之至再而不忍放手，此時如處五理霧中，不知身之所在。於是當天晚上就共享雲雨之歡了。他說正要交歡之時，該妓又更換秀襪一雙，顏色是月白素緞，上面繡著淺綠小花數枝。隱俠一看情不自禁，馬上緊握在手中，雖激情交歡過後在朦朧睡夢之間，仍然緊緊握著這雙小腳。這一夜的纏綿，十多年後想起來仍戀戀不已。他寫出真正纖小的小腳可遇不可求，所以歷歷在目。即使性行為反而很難寫得如此生動深刻。

小腳成為一個可以伸去出感覺的感覺器官。小腳同時是動器與受器，與男性器官類似。腳掌的種種人工改變，成為吸引異性的焦點。人工、人為的改變成為新的價值與標準。

小腳具有性器官特色，它為薄細皮膚，類似黏膜，腳心處固長期對疊成為極嫩皮膚，敏感。解纏充血勃起，將皮膚面撐漲，更易受激。各趾末端本極敏銳，小趾受傷更重，形成最易受激G點。成為女性可以遞出去的性器官，較陰道的功能相比具有更多的主動

洗澡時即使全身
赤裸，小腳還是著
鞋，這是纏足少女
的一般習慣。裸體
的少女，清楚看出
纏足婦女陰部突出
填起、豐富飽滿，
邊洗澡，少女不忘
伸出金蓮調情，
讓少男興奮不能自
持。

性。女性經常揉腳、愛憐。女性間經常互握小腳傳情。腳心如黏膜面，易脫皮、柔溼、黏膩。是手在摸腳還是腳在摸手？誰更有感覺？是一具有攻擊性的女性性器官，男女性器不同，女性是屬於接受性的性器官，纏足以後形成一種可以伸出去感覺的性器官，具攻擊性。

什麼是性器官，說穿了只是期待由性器官的感覺來滿足身體刺激的感受，經過漫長的訓練與學習，小腳具有更多更強烈的感覺，更豐富的感情，這與文化特色有關，感受、感覺是經過訓練後更細密的對感覺探討。

久交不泄，採陰補陽成為性交目的之下，就得用其他方法把女性提早激昇到高潮，緊握纏足，小腳是女性另外一個G點，成為這種性交哲學中的新性器官。許佑生的《口愛》一書中最大的焦點在於《深喉嚨》（Deep Throat）一片中所敘述，醫生找到了性冷感女人的激情點在她的喉嚨，纏足婦女的激情點在腳上。纏足後腳掌長期包覆，一般行走著地磨擦足掌部位，不再是纏足小腳著地部位，還有足心部位大量拳握深陷，足掌面不再是著地磨擦部位，成為深陷敏感的身體縐折部位，像腋下鼠蹊一樣多成感覺極為敏感的地帶。足心橫摺比長期包覆的小腳更為纖細敏感，就像直腸內的黏膜，從未被接觸開發，具有更新鮮強烈的觸感。參白足襌時，雙足掌拳握鬆放，上下左右蠕動，是新的手淫方式，提供像陰戶一樣，軟中帶硬特殊的觸感。

情竇初開未婚的舊社會少女，在社會貞節觀念限制下，不能隨意接受心儀對象交合，足淫提供了少女一個既能宣洩情慾，又不怕破壞貞節，又不必擔心未婚生育的情感發敘。在避孕術未發達的年代，「創造性器官」比起天生的性器官，還有一個節育避孕的效果呢。

重門疊戶

要多小的腳，才會造成明顯的臀部發達與重門疊戶，臀部發達與重門疊戶是否有關，生產過後陰道撕裂，肌肉是否撕裂功能降低。大同人說小腳的女人陰部淫水比較多——是不是常刺激分泌？有人這樣描寫重門疊戶的景象：「就好像有個吸力緊緊的夾著，吸進去。進去時不覺得特別緊澀，動起來就好像牢牢地吸進去，緊緊地貼著、夾著，還可以感覺到下體有一層層一陣陣的蠕動。捏那下體一叢毛，長得密，仔細摸著，竟還是特別冒出來軟綿綿墳起的一團。」「兩隻小腳輕鬆滿握在手，那兩隻腳，就像他靈活操握的塵柄，接著就直往內銜搓，那穴卻似深潤幽谷，徐徐推送，步步機關，層巒疊翠，收縮自如，那穴早已受激，幽泉洶洶，山巒受激後更加墳起收束，內徑難尋，只聞那外山，頂靠著陽具磨弄，愈磨那洶洶幽泉更是淫淫。」

香港羅澧銘著有《塘西花月痕》，所謂塘西，其實是指香港島以西區的石塘咀（西環一部分），在一百年前香港開埠不久，這地區曾經是紙醉金迷之地，酒館、酒樓、妓院和俱樂部林立，徵歌逐色而豔噪一時。由一九二一～一九三六年間，是石塘咀花事全盛時期，上海的小花園（會樂里）、北京的八大胡同、廣州的陳塘都有所不及！自從港英政府在一九三六年實施全面禁娼之後，所有妓院奉令停業，鶯燕分飛風流云散，塘西一代花事風月史也成歷史陳跡！《塘西花月痕》記錄的，固然有羅本人徵逐煙花之所歷，而大部分應當是青樓粉閣之所聞。它不是虛構的小說，而是一個個「有血有肉的真實故事。把當年塘西妓院的眾生相及掌故軼聞，一一向讀者如數家珍地詳為披露，使大家有如置身當年的塘西花國，不只趣味盎然，而且具有史料價值。」（見謝永光序）書中據一般過來人解釋，纏足女人，足部從小裡緊，只有纏小，不許長大，足部的肌肉無從發展，唯有伸展至大腿以上的部分，這便是特別使人感覺興趣的地方。妓院訓練雛妓用木桶讓妓女長坐，以訓練陰部更為凸出有力。

纏腳婦女小腿無力以大腿行走，站立支撐困難，肩部下垂無

力，顯得極為柔軟，隨時欲傾的感覺，雙腳腳掌外分，但大腿收緊全身重心在臀部，陰部向前凸出，重心不能穩定的落在一隻腳上，需要用下盤部位隨時應變調節身體的重心著落，將踩地的力量轉換成下盤調節的力量，雙腳僅做為支點支掌，而無法穩定承受。

殷登國的《素女九法》一書裡竟然提到北方人陰戶較前，南方人陰戶較後，這是什麼講法？到底發達突出的是哪些肌肉。《三寸金蓮》書中比較出日本人各家對纏足婦女骨盆解剖的測量看不出有什麼實際的差別，纏足與天足婦女骨盆的各項測量X光看不出有什麼差異性，但為什麼有那麼多人進行研究骨盆，他們必然已看出纏足婦女臀部突出，扭腰擺臀，不一樣的屁股只是找不出差異在那裡，當然，如果只有肌肉發達的差異，那在骨骼上是不容易看出明顯差異性的，而且X光的偵測也不容易看到差異重點。

北方人盤腿坐，長時間下來不是陰道會往前突起，嚴格來說不是陰道前凸，而是大腿髖部向後縮退，更顯得陰部墳起，墳起的是恥部，大陰唇前面，而不是外陰部。春宮畫中常突顯出陰部的凸出。陰部肌肉相對發達，僅僅幾公分會陰部，因為肌肉發達結實成為一層層的門戶關鍵。纏足婦女小腿與腳掌肌肉萎縮，相對的大腿及臀部肌肉發達。日本人見到纏足婦女發達的臀部進行了一系列臀部X光比較，但都沒有結果，因為發達的是肌肉而不是骨盆腔。

中國人相信臀部大的女孩子容易生產，臀圍突出除了在外觀上提供了性的魅力，還認為是傳宗接代有利的優點。外八字走路成為臀部扭動的力量推進。為什麼弓鞋纖影（筆名）認為一百八十度腳尖張開的走路最具性感，一百八十度張開時也就是蔡錫圭教授所說的骨盆向前提陰部向前迎的動作。如果陰部具有更強的收合動作與力量，這將會使得女性在性行為中反守為攻變成更積極的角色，如果陰部可以往前送出去，也可以讓女性具有更積極的性行為角色。弓鞋纖影（筆名）說必須成熟的纏足婦女，才能將腳形成一百八十度，年輕婦女腳張不了那麼開。

自幼裹足的婦女，小腿肌肉萎縮，走路時使力在臀部和大腿上，臀部、大腿肌肉發達。小腳女人除了高聳搖曳的臀部具有性的魅力外，一般認為裹小腳也能增強婦女陰部肌肉的收縮力，讓男人在性行為中，有如與處女行房的感覺，也讓婦女增強性行為的刺激性，這自然使兩性樂於接受。

《掩耳奇談》中說：「臨睡前數小時以長約七八尺之足帛，緊繞女子雙足，每間四、五時分鐘，更解而加緊纏繞，如此三、四度至緊無可再，乃強納尖窄之履，再經半小時許，痛不可耐。斯時百脈沸漲，自足緣股，筋皆吊痛，而生殖之道則血管飽漲，約束筋收斂至小，一經接觸格格難容，感額支撐力達雙足，足痛更甚而約

束筋牽斂益緊。以此反應能力，數倍常時，情興暴熾，不久之間能連續四、五次，為女性平時所未有。」疼痛造成肌肉收縮可以理解，是不是也引起骨盆底肌肉提肛肌，括約肌等的收縮，引致陰蒂陰道的勃起，疼痛引致的持續反覆勃起，在當年對女性性生理了解有限，能提出「不久間能連續四、五次」的說法，深入了解女性的性高潮方式，「格格難容」之下能連續四、五次，所說的接觸方式不一定是伸入才能達成，文字中也可見出女性自行達成的可能。

姚靈犀的《思無邪小記》前後耗費十五年時間收集種種「冷僻書籍」，竟達千餘種之多，其記錄有關性文化的資料一時罕有其匹。他原本秘未示人，但聞嗜痂者眾，乃於一九四一年由天津書局出版刊行。此書筆者有幸蒐集到，但世間已難尋覓，二〇一三年臺北獨立作家（秀威資訊）重新排版校對出版。該書談及纏足婦女陰部向後利於後接？這是什麼意思。腰椎前凸，骨盆後傾，利於後接。

重門疊戶，讓纏足的性功能進入解剖性學的層次，而不止停留於情趣或遊戲的層次。重門疊戶在於被動的敘述，更主動的說是具有層層收夾推玩收束的妙趣。能把男人的陽具收夾起來，不只夾著還能扭著，「蓮開七度門」，能一層一層的收夾男人的性器官。那個女孩子說她修練了以後兩側陰道會膨脹起來，就像春宮圖那樣，陰部會墳起。太極練功，兩腳抓地，兩腳拳收，陰部會凸出來，像是肌肉訓練結實有力。可以用坐在木桶上練提肛肌，採用的是腹部收縮式，陰部收縮式的呼吸訓練，原來呼吸訓練也與骨盆收縮有關。

陰部力量大到可以收縮時把男人陽具拉出來，女人在性行為中成為主動的揉弄者，而不是被動被使用的器官。把陰部收縮放入自主的肌肉訓練中完成，性行為反而是自律神經的全面放鬆，而不是在全身緊縮中完成。這樣女性可以持久，這也是男性持久的方法。陰部收放自如，還可向外翻轉，G點向外翻轉，陰部可自主的收縮，也可不自主的顫動磨縮，陰部可以射液，像男性射精一樣。

纏足的婦女以大拇指著地步行，為維持重心，需要不時的收提陰部，藉由陰部收縮來步行並維持重心，讓陰部隨時維持在緊縮狀態，長時期下來造成陰部肌肉的發達，這個發達在肌肉而不是骨架。所以二十世紀初九個日本學者的骨盆計測結果都沒有改變差異。陰部向前凸出，來自於陰部肌肉的收縮，相對的會讓臀後縮，前腹貼後背，臀向後彎，上身向前引，形成弓背的姿勢。大拇指著地施力外旋步行，可以引動提肛肌收縮，並造成骨盆前傾，大腿外展肌連接提肛肌，使肌肉肛門有效收縮，產生類似凱格爾運動（Kegel Exercise）的效果，（案：這個運動是藉由主動式的收縮肛門、陰道、和尿道周圍的肌肉，進而強化整體骨盆底肌肉的強度與張力，能有效提升陰道收縮的力量——就能夠簡單縮緊自己的陰道肌肉。其主要目的是為了要解決婦女產後尿失禁

的問題，而不是特別為了緊縮陰道而設計。）但從沒有人設計腳腿運動的體操，來訓練骨盆肌肉，使肌肉發達，收縮增強。陰部肌肉收縮能力的增強，有助於女性在性行為中的主動，不再是被刺入花心，而是陰莖被撫弄、壓擠、把握、含操。纏足婦女在春宮畫中的性姿勢幾乎都是積極主動的，主動含弄，而不像被動陰承。與其說是重門疊戶，不如說是「環環相扣」、「層層節制」、「層層疊疊」、「縮放如意」、「輪環縮扣」、「夾咬吸拔」、「束磨、夾曳、吸含」、「淺夾頂在G點浪搖」、「痙攣、顫抖、縮放」。纏足性活動很少（或沒有）男人玩弄女性陰部的描述，為什麼？女陰是不是化被動為主動了？不再是被動性行為的標的物，反而像成為性行為中的主體。男人手淫也只是握在陰莖摩擦，而不是一直頂著龜頭到花心，重門疊戶的陰道比較能創造出類似手淫的性交效果，也比較像是手握著陰莖的性服務，而不是陰莖抽送的動作。主客觀的地位改變了。

　　長久以來，對於陰道的認知只是承接的袋子，也許在初夜前有處女膜部分遮蓋，過了初夜，陰道只是承受的穹窿。其實解剖學上，陰道壁是由骨盆橫隔膜肌肉所包圍，稱是一層膜更精確的說是包括提肛肌和深淺各層括約肌，透過骨盆肌肉的訓練，一層層肌肉非常發達明顯，如同一道道的環狀關卡，纏足婦女站立步行時，不自覺就在做骨盆陰道的訓練，長久下來自然是層巒疊翠、重門疊戶。

久交不泄、持久

　　什麼樣的性幻想或性行為中所執著的場景，會不會影響到性交與高潮的時間不同。把性交性衝動，轉變成一種較長期沉穩的感受，而不是激情短暫的感受，性變成較持久的充血勃起，而不是立即的高潮宣洩。纏足的了解有助於改變性交性行為的感覺和態度。

　　中國人不是「節慾」而是「固精」，不是「節制性慾」而是「節約精液」。用什麼方式能多引發持久的勃起，而不進入泄精階段變成非常重要，尤其講求性行為「快樂」、「健身」的民族，一接觸性就完成高潮泄精，如何進行長時間的性歡愉，大戰五百回合而不泄，成為很欣羨的事蹟。

　　中國社會科學院社會學所的研究員李銀河教授的《性的問題》一書提及，中國人沒有性是罪惡的觀念與西方不同，也沒有基督教道德原則中反對肉體快樂的原則。中國式的性主張：任何形式的性行為都是可以使接受的，但性活動要有節制，性能力不可濫用。固精可以保氣，保氣可以益壽，還精補腦。所以中國人不是節慾（節制性欲）而是固精（節約精液）。男性慾過度（出精過度）會傷及陽，喪失陰陽平衡，女性手淫如果不是受到鼓勵，也是被忽略不計的──因女性的陰是無限的。

　　持久的足痛類似於持久的勃起。放開裹腳布引致的組織腫漲感，類似於性器官勃起的感覺。腫漲勃起的小腳具有更深更強烈的感覺。性器官做愛時的感覺不只是皮膚的觸覺，而是組織撐漲與壓迫的感覺。解纏足後再受壓握類似於這種感覺，這樣的感覺較皮膚感覺更深刻與雋永。纏足痛（〈蘭兒的珠淚〉）一文中（緊纏也痛，放開也痛）類似於勃起的感覺，放開後勃起漲起反而更有感覺。膨漲、壓迫、擠壓，這樣的感覺應該較皮膚感覺為立體，是屬於三度的感覺。

　　性行為不過是強烈的身體刺激及緩解。刺激的形式可以多方面的，最強烈的緩解恐怕是藥物造成的緩解。解開裹布的感覺就是一種現成的緩解。

　　女性在體驗到纏足疼痛感時，同時也為自己性趣適當的提昇，

足部的疼痛充血，與陰部的充血勃起似乎有一定的相關性。纏足的世界是一個多人集體式性行為的世界，非單純的一個男人愛一個女人形式。

纏足引起的性快感較接近女性的性快感形式，也就是享受長時間勃起的快樂，而不一定要進入射精高潮的狀態，所以常有長時間久交不泄的狀況。《采菲錄》書中有多篇文章描述到久交不泄，或性行為持久或腳淫的狀況，男性在這種性關係中因為不是性器的接觸，而不會直接導入射精高潮的快感狀況，這樣可以避開早泄的情況，其實在足交的性行為中有很多步驟是以男握女足，或女足鬥勢來進行的。男性一旦迷上這種性行為方式，幾乎就會放棄掉原有的性行為方式，女性在小腳被握時體會到更強烈的刺激舒展情形下，也會放棄正常式性行為方式。「玩蓮」成為另一感覺享受，不易進入高潮泄精。

〈蓮雙記豔〉中可見其交歡只求感覺不求泄精。把傳統性行為性享受，改變成為另一種享受方式。〈雙鉤記豔〉中也曾提到久交不泄。《采菲錄》有許多文中有這樣的經驗。明代春宮圖中可見到金蓮促進勃起的作用。這是一種沒有洩精，新型式的性行為方式，產生不停的高潮享受，與傳統高潮不同的是不伴隨男性洩精。這一種刺激如何強烈到能達到自主神經靈動反應的程度，當然有賴於對纏足的深層感應與體驗。久交不泄一直是中國道家追求的性生活境界。

性行為是一種壓迫和放鬆。長時間的持久是享受一種更長時間的壓迫、壓抑的刺激感覺。S/M恐怕也是將壓迫期拉長。

從疼痛的訓練中走入的性殿堂，身體的疼痛感很容易引發持續性的勃起。常見的疼痛刺激包括熱刺激（滴蠟燭）、拘束刺激（綁繩子、纏腳）、肛門刺激、體內刺激等等刺激，一方面擴大了刺激接受的範圍及強度，也增加其多樣性。經驗持續性勃起者，對於性的關注到各種不同的身體反射。

一夫多妻的基礎下，男人同時與多女交合，勢必不能早洩，持久成為多面作戰基本的要求。在採補的原則下，「要從眾女身上取得陰氣補充陽氣」，也勢必需要能持久與眾多年輕女性交媾，黃帝御一千二百女而成仙。

金賽（Alfred Charles Kinsey）的性學世界中沒有持久的奇蹟，反而有快槍俠的奇蹟，陽萎藥物也從來不強調持久，而是強調「舉而不堅」勃起不全的治療。勃起狀態、充血狀態、受力壓迫狀態視為性行為。為了持久，有人在陰莖上擦上表面麻醉藥膏避免性行為中過度刺激，而能享受較長時間的性感覺，或是使用抗焦慮藥緩解焦慮情感，緩解性刺激達到持久目的。這在纏足的性世界來看是很奇怪的一種做法。

《采菲錄》中有「一巨室妾勝，年始花信，不喜與人接，惟愛撫弄雄具，興酣，輒自解雙纏，夾具而搓揉之」，看到對方忍不住射精，「狼籍」時，「則大

樂」。增加前戲，延長勃起做愛時間，讓兩性之間合度更高，有較長時間共同享受性的感覺。使原本是消耗性的性活動變化為柔和舒緩的導引術。

勃起、性交、射精三部曲是西方認為完整「性」的成分。纏足、握足、足戲同樣能引起勃起，但與生育為目的的性行為方式就顯然無關。

男人的持久就好像睡眠中快速動眼期（Rapid Eye Movement，簡稱REM）時陰莖的勃起，除了陰莖勃起，全身肌肉、自律神經反而是放鬆的，這樣的勃起能夠更為持久，用什麼方式能引動起反射而不造成全身緊縮，這是持久的最重要精義。

練功用地骨皮不停抽打摩擦，讓陰莖麻木可以持續勃起。比較像男性不動，維持勃起，讓女性享用。陰道強力收縮後能收束在陰莖根部讓陰莖更強烈勃起，男性成為被動式勃起，隨著女性陰部肌肉的螺旋搖擺旋轉收縮，男性陰莖在花心內不停摩擦搖擺接觸到陰道的各處內壁，形成更強烈的刺激，甚至可壓迫陰莖停止宣洩。

參白足禪

參白足禪，對女性來說僅有肌膚，腳上肌膚磨擦的感覺，這種
感覺與握蓮相較是不夠強烈刺激的，看來這種性行為方式，僅在於
提供男性新鮮，挑情的感受。腳心感覺極為敏感，成為女性感覺上
的祕境，接觸男根有不同的觸覺感受。腳掌當然能像手掌一樣具有
撫摸、撫慰、體貼、挑情的功能，尤其當腳掌從不直接著地磨地，
而像手掌一樣棉柔多情時，這樣的手掌當然具有手淫欣賞撫慰男性
陰莖的功效。——有感覺的小腳。許佑生的《口愛》一書中以第一
人自己的體會，來描寫口交的性經驗，這本書應該也以自己的經驗
來寫足交。

盤坐的婦女或在炕上的婦女，腳掌具有較靈活複雜的生活功
能，而不單只是走路跳躍。大拇趾獨伸，獨自發展的小腳，像極了
女人的陽具，可以伸出去接觸的陽具，讓女性轉守為攻。腳心的感
覺較敏感較癢，知覺較強烈是一般人的普遍認識，就像腋下鼠蹊處
較強的感覺，但性快感需要遠較搔癢更為強烈侵入的感覺，用腳握
持陰莖能否讓女性達到強烈的快感，或只是提供男性性亢奮與勃起
快感而已。纏過的小腳可以抓著人的手臂，可以抓著陰莖，可以握
著，與手掌一樣的緊握著、捧著。一對小腳，像捧香一樣的握著陽
具，就像在進香拜拜一樣，故名「參白足禪」。長期纏裹的小腳，
纖薄柔軟的皮膚，不再是一般深厚角質層的腳掌面，只有小腳玩握
陽具時不會使陽具受傷，同時小腳女人也享受了陽具的膨漲刺激。
由春宮畫中最早揭露金蓮玩弄陽具的新性行為方式。

一般人會以為赤足玩蓮是常見的，其實纏足婦女脫御裹腳布呈
現赤足，較之裸體、露胸、露乳、露陰部還是少見多了。即使是春
宮畫也非常少見呈赤足狀的春宮畫。那是因為多數婦女小腳並不十
分整齊愉目的。參白足禪足是赤裸雙弓，以小腳行淫，雙弓合併
行，類合掌參禪狀，只有白皙柔嫩的雙足，可以與柔嫩的生殖器互
相磨擦。臺灣泥偶家劉半農所做泥偶中，未婚少女也可以此方式幫
男人手淫、出精。兩隻小腳握著陽具撫弄像極了拜拜參禪。

小腳握著像是握到一團軟綿綿的棉花，在後跟深層隱約地摸到

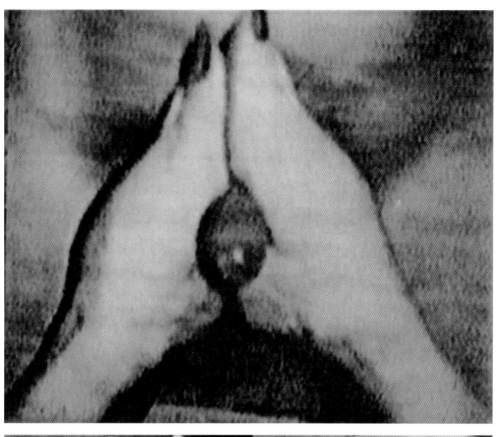

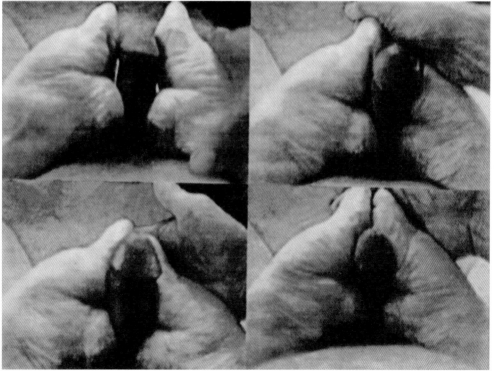

山東，劉半農先生所創作的足淫紙黏土人偶。

腳跟骨，就是腳掌部分也是白皙柔軟的一團，只隱約地透著纖細柔軟的腳趾骨和腳骨，在腳彎癟更是淫潤滑柔的細皮，細的像黏膜，是最神祕敏感刺激的部位。腳心柔軟，類黏膜，極為敏感，這是女性也同感刺激有感覺的部位，以隱密薄柔的腳心腳窩行淫。雙足交互握弄撫弄陽具，類似手淫技巧，雙足心同感逐漸漲大的陽具，女性可盤坐可臥，又可雙足合成一竅有若陰戶讓男性行淫。小腳腳心本來就成為厚肉墊極為柔軟亦可承受陽具插入。

有關「足淫」行樂，我們可以看到幾段前人的描述如下：「腳心一緊一鬆的夾握著陽具，只弄得陽具暴漲，更是兩腳心竅滿滿的塞不進去，讓陽具臥在左腳心內側深陷凹心中，右腳從龜頭向陽根一次一次的推摸，男具就夾在兩個凹心中，熱騰騰活跳跳感覺得陽具偉壯，那陽具也不老實地朝著深秘洞穴中穿尋，直透著她搔癢難耐，還貼著小趾根用力揉擦，趾背凹折處更是激動敏感，幾乎雙腳顫抖，黏著陽具不斷尋著性的感動」。「腳心環抱著他漲挺的龜頭，在溝緣上逗弄著，愈弄他愈堅挺，就讓他衝向腳心，刺入腳心，我雙蓮併用，另一蓮踩在他陰莖根部，用腳心滑到他陰莖上，雙腳把陰莖推到挺靠著小腹，踩在陰莖上不停揉弄，他龜頭刺入足心時，感覺龜頭的硬挺與勾鑽，會用拇趾尖去刺他，雙蓮合併捧他的陰囊，逗弄他的小腹肚臍、腋下，伸到嘴裡，讓他吸吮，讓他用下頜脖子夾著，要他用力緊握，雙腳在他大腿內側小腹、胸部、乳頭不停地磨著，用腳感受他的身體，用小腳踩遍他的胴體。」「腳掌可以握住陽具而不是夾住陽具，可以紮實的握著行淫，腳掌不只是順著上下踩動，而且規律地鬆握、夾擠，腳心不只是淫穴還是撫弄翻攪溫柔愛撫，乳燕親嚐，那石杵成了乳燕的舞台，翻騰上下，親密貼合，從囊袋盪到石杵，盪到龜頭，從軟綿到矗立勃發，小金蓮巡舞在草叢中，握卵、持卵、擠卵，只有軟如棉絮的乳燕可以娑巡在軟硬間雜的叢林，不停舔舐，不停撫弄。」

小腳不是只有被動的活動，腳掌是主動的，腳踩具有特別靈活曲折的運動。臺灣泥偶家劉半農的性伴中，用腳行淫的反而像女性是個主體，而男性反而成為客體。

纏足就像貞操帶把
婦女牢牢地鎖在深
閨裡、莊園裡，剝
奪性生活的自由、
自主。

貞操帶

　　婦女貞節觀形成於宋代，但在南宋中葉以前並未形成規範婦女
的行為準則，因而反對寡婦再嫁，講婦女守貞、守節直到南宋後期
才漸趨嚴厲。南宋以後將傳統儒教教義在江南發揚，這本來在江北
中原的儒教，進入新發展區，新發展階段尤其在江西，福建地區，
儒教中男女大防，五倫之義，成為流亡在江南氏族與貴族的重要教
條，以鞏固家族與朝庭，這種由儒教與理學衍生出來的教義，像帶
在婦女身上的貞操帶，推波助瀾的幫助纏足的風俗推廣。宋代理學
發達對女性要求日深。朱熹在福建推行纏足做為推廣女教的方法。
纏足即是一種女教、教化工具。「莫出外庭、莫出外室，出必掩
面、行必藏形。」中國人把潔淨的貞操帶在女人腳上。

　　纏足是一種生活規範，像緊身裙、束腰是一種生活服飾上的規
範。像男人穿西裝是一種生活規範。很奇怪，漢民族在服飾上一直
極為寬鬆，而且以此寬鬆的服飾有別於異族而成為民族特色，但到
唐以後女性足服卻不依循這個常規。尖窄、瘦窄，矗立的弓鞋很容
易讓人體會出嚴峻的生活規範、行為規範。

　　纏足不利於行走，成為一種限制女性生活圈的好手段。據說朱
熹在福建推行纏足是為了推展女教。聖人不欲女輕舉足，故命其纏
足。元朝伊世珍撰的《瑯嬛記》中有一則關於纏足的較為詳細的記
載說：「本壽問於母曰：『富貴家女子，必纏足何也？』其母曰：
『吾聞之，聖人重女，而不使之輕舉也，是以裹其足。故所居不過
閨閣之中，欲出則有輜車之載，是無事於足也。聖人如此防閑，而
後世猶有桑中之行，臨邛之奔。』」由此看來，纏足的本意，與禮
教有極密切的關係。

　　在纏足的時代，貞節的維持，成為女性最重要的道德，在史冊
中，女性最易揚名的方式就是貞節——最多貞節牌坊在哪裡？纏足
不像貞操帶封住了婦女的竅門，但是卻是被認為最重要守住貞操的
好方法。這樣說來雪白飄長的腳帶，就如貞操帶，鎖住了婦女，將
她鎖在莊園裡，鎖在深閨裡，一如東方的貞操帶。也許鎖住的是女
人的心，鎖住的是行動，鎖住的是一個大社會對女性的領制。

纏足是對性的推動或是限制，恐怕是一個很難評判的問題，但是它限制了婦女的行動卻是不可爭的事實，這起碼讓女性成為性行為上被動者，減少了主動尋求的角色，這似乎是傳統對女性的基本要求。漢民族的社會如果是一個對性生活更為縱情享受的社會，但它對上流社會的婦女貞節的要求卻更高。身體感覺與自我解決在定義上並不違背貞節的要求。佛家的節慾，進入理學、儒學成為對貞節的禁慾，婦女貞節禁慾需求。南宋的理學大師朱熹推廣纏足以防淫，但是程頤家人婦女卻提倡不纏足的，可見南宋理學對婦女的要求也頗不同。元代對婦女貞節更強烈要求。貞操成為女性最高道德標準，這是在男性中心的家族制度下形成的。就清代婦女看來，在南方江南的婦女，有比北方婦女更多的貞操道德理念，纏足風俗與穿著衣飾也與北方有極大的不同。纏足顯然包含許多的婦女生活規矩，尤其是在江南傳統的漢人世界如此。

貞操要求是一種對女性性自主的剝奪，但相對而言也是讓婦女性意識的昇華，藉由這種昇華，體會無性性行為的樂趣。纏足也提供婦女不必藉由兩性卻可以自我滿足的新管道，甚至不必藉由性器官而達到性滿足。纏足婦女創造了新性器官可以藉由雙足行淫，避開性器官行淫，在婚前少女，在那個男女大防的時代，最後臨門之前仍保住了婦女的貞節與貞操，對儒家而言，婦女貞操的破壞，幾乎喪失了一個婦女為人的基礎。

《金瓶梅》很明顯的把纏小腳的婦女淫蕩的心思刻劃出來了。到底纏足婦女在纏足時，想的是更風流多情，引人愛憐，受人垂青招蜂引蝶，還是冰清玉潔，清心寡欲，不近情色，從清末的婦女看來比較像是前者，其實宋代纏足流行宮庭之中，在宮庭歌舞繁華的環境中逐漸擴展流行，就算當時理學家以纏足做為女教的推展，實質不見的有這樣的意義。

明代清代出那麼多的貞節烈女，不能代表纏足使女性具有更高的道德情操，也許更精確的講法是纏足與貞節牌坊都是人為造作，道德虛假、違逆人性的一種方式（目的），違逆人類性慾、性生活、自然的性接觸，也可以說纏足與貞節牌坊只是手法，是那個時代假道學者的立論，演出的時代劇。

林語堂的名著《京華煙雲》中的曼娘，這一種清心、傳統、貞靜的典型，是纏足守貞的典範。還有巴金的「激流三部曲」《家》、《春》、《秋》中的大少奶奶瑞珏，胡適的太太江冬秀，等都是此類型的傳統女性。

據同安縣志上的記載：宋朱子主簿同安及守漳時，見婦女街中露面往來，示令出門須用花巾兜面。民遵公訓名曰「朱公兜」見泉漳多控拐案，示令婦女於蓮鞋下設木頭，使之步履有聲。名田「木頭履」一兜一履，防杜之意深矣；二郡經紫陽過

化，故俗雖強悍，而女子多尚節義。漢代以前，甚至在周朝就有鞋頭尖翹向上的鞋子，這種翹頭鞋是漢民族的鞋子特色，鞋頭矗立的鞋子，很容易讓人體會出嚴峻的生活規範、行為規範——在周代這種鞋是帝王的鞋代表威儀，一直沒有消失是因為穿長袍到地，前翹頭便於勾著衣物不易踩到絆倒。纏最小的腳是不是就能守貞？纏足是娘家婦女纏的，希望守貞的是婆婆，纏足最瘋狂風行的年代也是禮教、貞節最嚴苛的年代。用小腳行淫確實也能保存最後一線的貞操。

纏足小腳是一種挑情、淫蕩、慾求、激情的表現，也是貞靜、貞潔、守身如玉、深閨隔離、玉潔冰心的形像，是熱情還是淡薄？怎麼會同時如此的兩極化，在潘金蓮的激情與曼娘的貞靜同時存在。到底小腳女性的貞操是讓男人更放心的，還是更不放心，這恐怕沒有答案。纏著的是腳可纏不住女人渴望慾求的慾念、生理的慾念。慾念是人類的本能，恐怕不是纏足禮教、族規、家規、貞操帶、高牆、地理阻隔、重門疊戶所能限制的。這些雖能阻礙女性追尋性慾的障礙，但是終究阻擋不了人慾。

勃起

　　長放短纏感受到的是壓迫纏束的感覺，長纏短放感受到的是勃起膨脹的感覺，這與男女生殖器的勃起有什麼不同？有幾張紅潤飽滿的裸足照片是好的例子。纏足可以做為一種苦行僧，一種身體禪修，藉由身體強烈的感覺舒緩，釋放出精神的苦悶壓力，釋放出性苦悶與性壓抑。

　　纏足是被動的調整雙足的充血、腫脹、壓迫、舒緩，反覆的在感受這些肢體的感覺，有纏裹後的壓迫更加充漲，長時間壓迫後逐漸舒緩，裹布解開後迅即充血腫脹，有更靈敏的感受。鮮豔紅潤的腳上膚色，帶來更多溫度、刺激、肉慾，彈性的感覺。小腳的腳跟通常不纏裹的，充血紅腫的腳跟，顯示紅漲勃起的感覺，奇怪的是小腳層層束纏就只露出飽滿、豐潤、紅瑩的腳跟，不但不纏束，連睡鞋有些都露了鞋跟。小腳睡鞋是紅色的，鮮紅的睡鞋，代表了小腳的活潑與刺激性。腳趾、手指甲為什麼會用指甲油染紅色，不也是這個效果？

　　過敏的人不是眼眶周圍，就是嘴唇，臉部腫起，腳也是非常易腫的部位，這種水腫，紅腫（發炎）與勃起之間真沒有相關性？腳掌上當然沒有勃起組織，但是充血的小腳撐平了腳上的皮膚，讓腳具有更高的受激性。纏足痛（〈蘭兒的珠淚〉）一文中「緊纏也痛，放開也痛」放開裹布疼痛是一種漲痛，類似於勃起的感覺，放開緊裡後，腳部潮紅繃漲，有更強烈的感覺。

　　性器官做愛時的感覺，不只是單純的皮膚觸覺，而是組織撐漲與壓迫的感覺，膨漲壓迫，擠壓，較單純的觸覺為立體，成為三度的觸覺，（有時還交著血管撐漲脈動，博動顫動的悸動）。解開裹布時腳掌頓時漲大充血，鬆軟的皮下充漲著鮮紅的血脈，就像勃起的陰蒂和龜頭。勃起撐開了上皮層和角質層讓敏感的神經末稍挺進到撐薄的皮下，接受更為強烈敏感的刺激。勃起時增加了血脈的膨漲感覺，在頭上是頭漲慾裂，在胸部是澎湃興奮，在臉上是漲紅嬌羞，在腳上是鮮豔慾滴。纏足時的腳跟和大趾經常紅潤充血。經常連小腿也纏裹的婦女，解開時勃起的不只是雙足連小腿也頓時勃

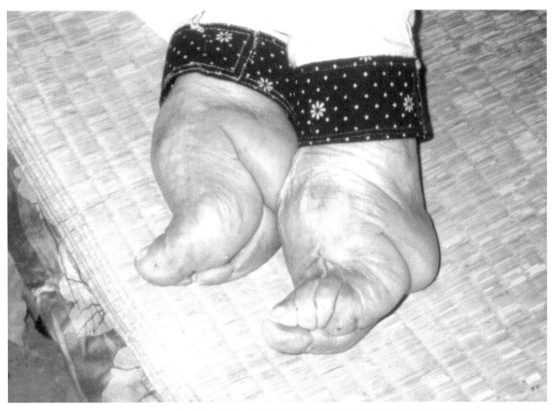

起，下半身的勃起形成更廣泛的敏感點、接觸點。口紅和指甲油模仿了勃起時的鮮紅色澤，成為性交時的擬態。沒有口紅和指甲油的鄉下人，用鳳仙搗汁洗腳，讓雙足鮮紅慾滿更具吸引力。

可能像是嘴唇、乳頭、肛門式的勃起。長期壓迫是否反而促使足部產生更綿密的微血管網，或者微小動脈暫時壓縮，待放鬆壓力時，不足以阻止大量湧入的血流造成膨漲。緊繃的皮膚表面是更強烈的皮表感覺。不是肥，不是水腫，不是瘦巴巴，會顯得更有感覺，那種看起來皮膚薄薄透明，血液循環良好充血狀況，光澤透亮的肌膚看起來才是最有感覺的皮膚。勃起增強的是性行為中的觸覺，這與性行為中的高潮與射精是不同的，高潮與射精在於自律神經的轉折改變，纏足是小腳所呈現的是類似勃起抽送的觸覺。鞭打、束腰，呈現的不也是觸覺、壓覺。

陰蒂、乳頭、口唇、肛門、口咽、舌頭是常見的勃起組織，勃起是靜脈鬱血的狀態與淋巴沉積的水腫不同。

沉溺於身體感覺，沉溺於色慾，沉溺於勃起，長期勃起，久交不泄，腳束纏的感覺是一種壓迫，也是勃起膨漲的感覺。長期的纏足，一時的鬆綁感覺到的是膨脹充漲勃起的感覺，相反的長期的鬆放，一時的纏緊感受的是壓迫的感覺。勃起不一定產生性興奮，這當中還須有條件反射，產生大腦的性享受。

涼鞋是把一個充血的器官充分顯露出來，纏足婦女亦與用指甲花將小腳染紅，這與嘴上塗上唇膏，指甲塗上指甲油，女性永遠在最易微血管充血顯示的部位塗上鮮亮的顏色以顯示其充沛的活力，纏足解開後鮮紅充血的小腳亦足以吸引異性的注意與關注。足部疼痛、足部充血、全身反應、陰莖與陰部充血、生殖器勃起，這些事件當中應有一定的相關性。全身充血，面部潮紅、勃起，接受更強烈的刺激感覺更強烈的刺激。性感受強烈的人也是容易面部潮紅，充血的人——容易感動的人。

玩蓮、握蓮、蓮交

　　女性右手握左腳，左手握右腳，摸摸捏捏紓解腳酸，不像是右手握左手那樣的無趣，反而是刺激、紓解、舒活通暢的泉源。文榮光醫師提到，性行為中的三不原則，不要強求性勃起，不要強求性高潮……等。玩蓮、握蓮就是在一個不屬於性接觸的環境下預先做為前戲，提高情緒，逐漸進入興奮勃起、高潮，避免直接立即面對的困境，玩蓮時的兩性距離可以比較大，而不是那麼緊密接觸的身體，也可以談纏足讓女性可以伸出一雙調情的腳，腳可以伸得很遠，達到先調情再性交的漸進方式。對纏足的婦女來說多了一個G點就是在小趾的部位，特別刺激強烈，感覺強烈。鮮紅、纖細、軟若棉絮，柔若無骨。

　　明代早期腳雖然纏小，但恐怕不是纏到一手可以掌握那麼小，明末到清中晚期腳愈纏愈小到可以一手掌握，這才衍生出種種的握蓮方式。《小豆棚・卷一》記載了一段明朝時握蓮的傳奇佳話：「荊州沙市有蜀妓徐金，足趾小瘦端好，嘗自愛其纖纖，客有譽之者則喜。余見而握如珍瑜不釋手，徐感相知，許以身事。」握蓮具體化成情趣生活的一部分，而且把每一個姿勢握法仔細的加以描寫是在清末的時代（方絢），到了《采菲錄》更增加到了幾十種的握法。握蓮可以是裸蓮，著裹布或著睡鞋、著弓鞋握蓮，各種情況的風味是不一樣的，裸蓮增加了皮膚接觸的感覺，著鞋下可以感受到握蓮受力的熱情。看起來玩蓮時，把「小腳吊起來」有多重的意義：一、纏腳過程為了減少疼痛，女性常有自行吊高小腳。二、腳綁起來有利於把握、緊握。三、玩腳在無法扭擺逃避下玩蓮更具侵略性。四、當玩蓮強烈時，女性只能哀嚎求饒無法逃避。五、雙腳吊高更利於雙腳打開接受行淫。六、加上樽壺投爭葡萄等淫戲，讓這套淫行更為有趣。

　　為什麼是著裹布睡鞋做愛？不是皮膚的痛觸覺可以讓人滿足，那只是一種肌膚的感覺。關節扭傷韌帶扭緊的深度痛覺，才是追尋的感覺，更深更強烈的感覺。纏足的足首其實是以趾背跪覆於腳首，也就是成為趾背骨按壓的感覺。骨頭旁凸之處，也就是特別使

力之處，也就是歷盡滄桑更深疼覺之處。

女性金蓮被握時，是一種多重的感覺。纏足可說是將腳部知覺竅門打開來，讓腳掌上各種感覺的敏感開啟，像趾骨蹠骨背最敏感的骨膜感覺，像趾骨間關節的酸痛感覺，像趾尖皮膚對刺激最敏銳的感覺。

腳纏裹時是僵的感覺麻木的，像弓鞋纖影（筆名）所說沒法穿上拖鞋，因為沒有感覺，但解開裹布卻像是把感覺之窩開啟，更敏感更強烈的身體感覺。黏黏軟軟的，像是黏膜的感覺，像是伸入最神祕的內臟的感覺，淺薄腳紋，平滑柔軟、富含水份，讓人握在手中有一種完全不一樣的感動，感受到生命的感覺，在手中蠕動，活生生的生命握在手裡，柔軟的生命。

握蓮是雙方互相的感受，不只是男人的消魂，也是女性的享受。前人在玩蓮之餘，歸納出種種的握蓮姿勢，有正握、反握、順握、逆握、倒握、側握、斜握、豎握、橫握、前握、後握等十一種握法，推演出複雜多種的握蓮手法，可見品評之深，慢慢的品評享受。

腳經纏裹以後收束拳小，才能讓人一手掌握體會，宋元早期新月型小腳是無法一掌握入的，也許僅能握著足尖感受，只有弓小的小腳，能讓人一手掌握，心領神會，這些握足方式的衍伸，恐怕都在小腳愈裡愈小，弓小如拳以後，晚期的金蓮玩法，握的時候用力捏擠，能把渴望捏出來，讓女人感受身體肢體感覺強烈的渴望。纏足的過程本來就是各方向的壓縮擠縮，用力把握能握出纏腳的感覺。

足以一手掌握的小腳，雙手掌握，如握著兩個激情點，用力掌握可以讓女人消魂摧情。緊握著小腳，纖瘦的小腿，性器官的靈動似乎完全掌握在男人手中，讓性的操控更加靈活自如的在雙手之中。可以掌握的小腳，可以同時享受腳跟的圓潤肥美與腳弓腳掌收放拳小，及尖瘦收斂的腳掌的奇妙，充分應用握蓮各種技巧，配合猿博姿勢，將性行為高潮帶入祕境。做愛時仍穿著紅繡鞋、睡鞋，薄薄的睡鞋緊握著能透出小腳的感覺與靈動，很奇怪穿著睡鞋有時要比握著白足更具有催情消魂的效果，這是為什麼腳上一直穿著弓鞋睡鞋增進床笫興趣，握蓮已從皮膚接觸感覺躍昇到腳掌趾關節強烈的感知。

妓鞋行酒

　　《金瓶梅》第六回有這樣一段描寫:「少頃,西門慶又脫下她一隻繡花鞋兒,攀在手內,放一小杯酒在內,吃鞋杯耍子。」這種「吃鞋杯耍子」,就是在當時士大夫中相當風行的妓鞋行酒。由今人眼光看來,這種飲宴方式近乎庸俗汙穢,而在明代,卻被視作風雅。妓鞋行酒又稱「雙鳧杯」、「金蓮杯」,其實就是「鞋杯」,也即以「鞋」代杯。清褚人穫《堅瓠補集·鞋杯詞》:「切不可指甲兒搯壞了雲頭,口角兒漏濕了鞋幫。」

　　元末明初文史學家陶宗儀(1329~1410)的《南村輟耕錄》,所記多是瑣聞筆記,其中有「楊鐵崖耽女聲色,每於筵間見歌兒舞女纏足纖小者則脫其鞵載盞以行酒謂之金蓮盃。」金蓮杯這樣的醜行並非楊鐵崖首創,宋代便已有之,至明代更大行其道。《西湖志餘》有:「廉夫嘗訪瞿士衡以鞋盃行酒,命其姪宗吉詠之,宗吉作〈沁園春〉以呈,廉夫大喜即命侍姬歌以侑觴」。《雲仙雜記》載「趙廷芝作半月履裁千紋布為之,托以精銀,鎮以絳蠟。唐輔明遇之取之貯酒,即鞋盃類也」晚明的文人徐紈在其《本事詩》中說:「何孔目、元朗至闖門攜檑夜集,元朗袖中帶南院王賽玉鞋一隻,醉中出以行酒。蓋王足甚小,禮部諸公亦嘗以金蓮為戲。王鳳洲樂甚,次日即以扇書長歌云:『手持此物行客酒,欲客齒頰生蓮花。』元朗擊節歡賞,一時傳為佳話。」

　　「採蓮船」是將妓鞋行酒規格化至一種集體遊戲的階段,代表妓鞋行酒成為一種很普遍的社會上共同的遊戲。從獨飲鞋杯遣興,到眾人玩妓時妓鞋行酒,到「採蓮船」中間經歷了很長的演變。由妓鞋行酒衍生出鞋杯,各種材質的鞋杯和種種男性隨身用品的造形。這是集中國人歡宴、飲酒、嬉虐、調情、酬酢、風雅於一桌的色情遊戲。常在鞋內先墊上手絹或布帕再放入酒杯。用這樣方式可以眾人輪流巡行,如果是自己內眷只是把玩就可,《金瓶梅》中西門慶還拿來托杯應是很罕見的。弓鞋是私密之物,在酒仿中成為眾人調情欣賞的目的物,從這種風俗中可見到妓業規模的龐大。

　　用這種方式很自然的,就近觀賞把玩,吸嗅弓鞋的造形大小、

巧妙、餘韻、風味。須是很小又深的弓鞋,方便盛杯,能被人巡賞的弓鞋,也代表她的小腳纖巧可愛。這是文人對纏足接觸後寫出來的較具體的互動方式,一般除了吟咏讚美腳的大小,姿態神情,男性幾乎一直進不了小腳的核心世界,去了解纏足的真實面目。呻暇堂曰:「抄雙鳧杯一名金蓮杯即鞋杯也,曰雙鳧者人但知為葉令王喬飛鳧事,而不知女人繡鞋亦名「雙鳧」。王深輔道有〈雙鳧詩〉云:「時時行地羅裙掩,雙手更擎春瀲灩,傍人多道不須辭,衛做就十分能幾點,春柔淺醮蒲萄煖,和教勸人教引滿,洛塵忽浥不勝嬌,剗踏金蓮行款款」則知昔日狂客亦以此行酒也。」

本來是極為神祕、隱密的女性私物,藏穢骯髒的女性私物,突然轉化成眾人欣賞、謔戲,興味十足的焦點,這個改變除了纏足行為受到關注外,小腳稀罕神奇,弓鞋創造藝術與創意性,從良家婦女到妓家小腳弓鞋,從最隱密到最炫耀焦點,從髒臭到香蓮芬芳撲鼻從私密欣賞到群體共賞,從個人癖好變成雅俗共賞,徹底轉折了小腳的屬性。

清初林若撫〈鞋盃行〉:「秦淮豔女字無瑕,為余笑脫乾紅靴。酒間突出華筵上,短窄纖新襪一緺,平生每恨舊裙底,今日分明見弓樣」。清朝劉廷璣著有《在園雜誌》:「予少赴友人招,坐間有以小鞋擎杯送酒者,促予咏之,予有句云『燈前注流霞,手中擎新月』雖一時狂興後亟為刪去。」元代後期最負盛名之散曲家張可久,字小山。他的《水仙子・湖上晚歸》曲有「佳人微醉脫金釵,惡客佯狂飲繡鞋」。鞋杯多在半醉之間以鞋杯助興。可能在宋代或元代就有鞋杯的做法,這是纏足被附與「情趣」的最初表現,用「惡客」來形容並不很推崇,但也沒有太激烈反感,讓這個「情趣」逐漸進色情領域。

鞋杯遊戲是纏足最持久的遊戲激情方式。清代方絢的《香蓮品藻》之調也就是由鞋杯遊戲引申出來的,所以用了很大的篇幅來寫鞋杯的遊戲。大量各式各樣的鞋杯,有許多不同省分的形式,還有不同的時期,代表這一風俗的流傳久遠與廣泛,從鞋杯演進到鞋形杯器,有木製、竹製、景泰藍、瓷器、瓦器、骨器、石製、銅製等等。商人的智慧,把酒杯製出弓鞋小巧造型,雖不合方便使用目的,卻反而大受歡迎,爭相購買。這讓商人找到了很好的商機,把

男人把玩使用器物，也用弓鞋造型製造，打開更廣銷路。於是煙絲盒、煙膏盒、鼻煙盒、茶葉匙、墨斗，也都用小腳弓鞋造型來促銷。

角先生

千百年來，淫具在中國大量使用，一以在夫妻之間助興，二以供遭受嚴重的性壓抑、性饑渴的守節婦女進行性溢泄。對此，古代的性小說和春宮畫多有描繪。「角先生」是供女性自慰用的陰莖模擬物。古稱「觸器」，又稱「藤津偽器」、「廣東人事」、「景東人事」、「角帽」、「廣東膀」等。「角先生」也就是今天所說的按摩棒，大家都知道按摩棒的使用方式，用雙手捧握推送，在「先生」不在時取代先生的功能，婦女進行手淫。最特殊的是纏足婦女將角先生綁在女性小腳後跟使用，而不是用手使用，這樣的姿勢最有利於手玩小腳，並推送假陽具入陰戶。手淫時一邊按握小腳，一邊推送假陽具。婦女長期盤腿，這樣的姿勢便很方便。是不是有女性不需要用「角先生」，可以用小腳後跟行淫。盤坐時腳後跟與陰部較多接觸，引發腳與陰部的親密關係而不是手與陰部的關係。

有小販販賣角先生的春宮畫，顯示「角先生」可以向賣貨郎購買。女性間行淫也常由其中一女掛「角先生」行淫，「角先生」是用牛角製作的而不用木頭製作。使用牛角泡水濕滑易於行淫，木頭浸水反更澀。「角先生」設有凹槽綁帶，掛女性腰間或小腳跟。女性G點並不一定需要較深入的陽具去刺激。當然這是已婚婦女的手淫方式，未婚婦女可以握足就能行淫。代表女性與女性之間互相愛撫，也可以是自我愛撫。

中國是不是最早出現角先生的地方。由石雕、木雕進展成角先生，以牛角為材，代表這種風俗的精進、複雜，流傳久遠，光名稱就很成熟。

廣泛使用角先生代表女性的G點還是在陰道內壁，而不是陰道外面用手容易摸到的地方。女性用角先生手淫時，雙手仍玩弄著，緊握著小腳，看來對女性而言真的是有兩套不同的感受器官，下體抽送時仍緊緊操弄小腳。角先生是女性深閨恩物，以此保持貞操，尤其是明、清兩代極力提倡貞節，夫死不得改嫁，有不少女子，青春妙齡，要獨守空閨幾十年，長夜漫漫，是很難熬的。有此恩物則仍具有性快感的生活，女性藉此自慰，自我滿足，不假他人，當然也有女性間彼此互藉。用角先生時女性握著小腳，代表對女性而言小腳也是她很重要的感受部位。女性用陰部掛角先生行淫，代表她們的腰非常靈活與手一樣地靈活而且更有力，所以套在腰部用下體推送。女性與女性間做愛，往往春宮圖中是以這個形式做愛而不是用手推送。民國時代，大腳時代的春宮畫，改成用角先生時是用雙手推送。

不同的小腳有不同的性生活

每個人的G點或性幻想的情節全不一樣,尤其在腳上的G點,有些人是小趾,有些人是瘦尖,有些人是腳底皮膚,有些人在腳背裹斷的部位,或雙腳腳心、凹陷之處。南方北方的足飾、腿飾差異那麼大,是不是較容易歸納出性生活方式的不同。可以依婦女保養,纏理的方式不同,來看她的感覺與要求的不同。南方外把骨沒抄瘦,就不會有小趾感覺特別敏感的問題,南方重視腳心凹陷,是否以參白足禪為主要方式,所以北方特別纖瘦纏瘦的小腳是以緊握來感受。

宋代纏足可能沒有想到小腳可以衍生出這麼多的性趣風味來,一直到明代早期,纏足與性生活的關係,沒有明末以後那麼密切。這是最難探討的課題,纏足與性的描寫本來就極少,再將它細分為各種不同足型小腳有什麼性生活方式,書寫起來更為困難。我找《采菲錄》看到,有的人握腳興奮,有的握腳,下體潤滑舒開。

清代遼東曹去晶的豔情小說《姑妄言》中提到小腳女子陰道向後,利於後接,我看這指的是高底弓鞋讓女性臀部後凸,胸腰前凸,後凸的臀陰道後轉利於後接。所謂陰道向後,指的不正是骨盆的前傾。外把骨裹瘦,腳趾下抄的小腳,更易於感受腳掌手握的感覺,不只因為小趾是G點,還因為緊握腳掌時同時壓迫橫弓與外縱弓,產生更多關節,扭位的改變感覺。陝甘有些小腳不纏弓曲,這樣的小腳能不能參白足禪來握著他人陰莖。

「折足腕騷欲死」,指的是什麼樣的動情因子,是不是折足腕愈甚代表臀腰更有力的扭動接走路,性行為時具有更強的腰扭,像電動馬達一樣的強烈與快感。看來小腳的動態快感在北方較盛,南方較傾向於靜態的觀察欣賞。這是較早期宋元時代的纏足功能,也就是活潑、激情、野性、孟浪的纏足性生活,是不是在北方,像天津等地方出現?南方的文章中有出現這麼浪漫的性生活嗎?這與腿飾也很有關係,腿飾與褲裝將女人的小腳性感延伸到小腿上去了,甚至延伸到了臀部。

口足交——舌燦蓮花

　　臺灣泥偶家劉半農提到婚前少女以足交來達到性快感，不會影響到貞操的問題，仍能保持完璧。

　　對擁有三個性激點的女性而言，口足交擴充了傳統的6-9口交方式，有更多的方式與選擇，口足交更像傳統吹喇叭，小腳伸入口中，更具靈動，更具刺激讓男人也能享受口交的受激快感，口交不再只是女人的專樂。

　　當腳尖瘦小巧到能伸入情人的口中，伸入情人的喉嚨，刺激產生各種自主性的反射，口交的快樂成為兩性能均等分享，共同體驗的性快感。舌頭在腳心趾縫中鑽沿、含取，像靈蛇出竅，輕輕齒咬細瘦小巧的腳趾，觸動金蓮最敏感的神經。放瓜子、花生、蓮子塞在蓮心深陷裡，用舌尖舔取，能讓雙方充滿了情趣、興味。舌燦蓮花。

前旋、後旋

　　纏足婦女小腳建構的身體支撐面積很小，隨時擔心身體重心離開造成傾跌，腰椎前凸創造的S型身體曲線，除了有助於小腳著地緩衝外，也有助於維持身體前後的平衡免於跌倒。這和穿高跟鞋時雙膝打直，臀部後翹的情況是一樣的。腰椎前凸代表薦尾椎和骨盆的前傾，造成陰道向後旋轉，這樣的身型讓纏足婦女，更利於後接，由後面插入的性交方式。

　　纏足婦女走路呈現外八字，股骨頭外轉，讓骨盆進一步後轉前傾，也使得陰部向前展開突出，並向後轉，這在纏足婦女腰椎骨盆的X光側像上可以可以很明顯看出來。

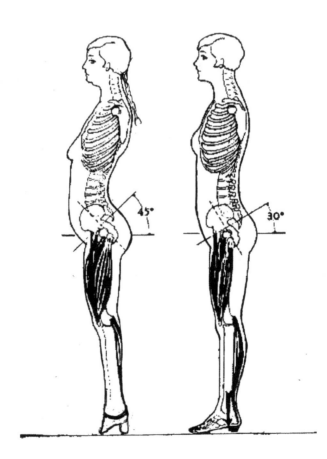

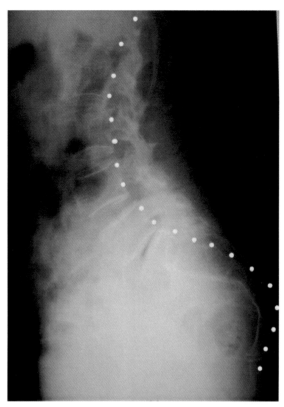

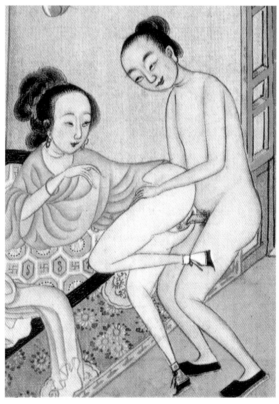

金蓮高抬，下體懸空，陰動旋機，任搖擺。雙蓮緊握，老漢推車，手腳陰陽大匯接。

老漢推車

　　人隨著直立行走，性的敏感區增多了，並集中在身體的正面，陰莖的發育增大與陰道的深陷身體內部，特別是性交體位由後入位進化為主要的面對面地性交，大大幫助了推動性的心理進化與社會進化，包括愛情的產生、道德、情愫、知識、習俗的發展……構成了人類千萬年來延續至今的性文化。

　　握足行淫，讓男性在性行為中有更多的主控，並提供不同的兩性接觸點，對雙方來說，更多的接觸增加了性行為時的強度。

　　老漢推車這個體位，就是指女方背對男方，而男方從後方插入，將女方雙腳舉起，樣子看起來就像一個老漢在推著雙輪車一樣，所以稱為老漢推車。面對面的性接觸，與橫直推車式的接合相比，前者刺激較差。老漢推車的做愛體位：

1. 更容易刺激到G點。
2. 女性敞開更利於男性接入。
3. 接入更深。
4. 對女性而言腳與陰部雙重刺激。
5. 抬高雙腳時陰部前傾。
6. 女性在性行為中，受到更多被支配、揉弄、擺佈的被動，符合那種柔弱、可憐、受痛、性的接受、梨花帶雨，楚楚可憐的形象。
7. 性行為進行中，男性藉由握生痛，增強性行為中的強度。
8. 女性下體懸空，在性行為中的扭動搖更為靈活多樣性，臀部扭動款擺，增加性行為時的強度。
9. 對女性來說這是三點著力懸空式的性行為特殊體驗，以肩部及雙腳支點下，下體懸空自由擺盪，對行走時全身核心都放在下體的纏足婦女來說，下體是全身最為靈動的部位，三點支撐著下體懸空，更讓她們展現出下體核心靈動的最佳機會，可謂養兵千日用在一時，老漢推車式將纏足婦女最妖豔的法寶，全部引動出來。

　　是先有各種不同性交、性接觸方式的文化，可能在漢代以前就

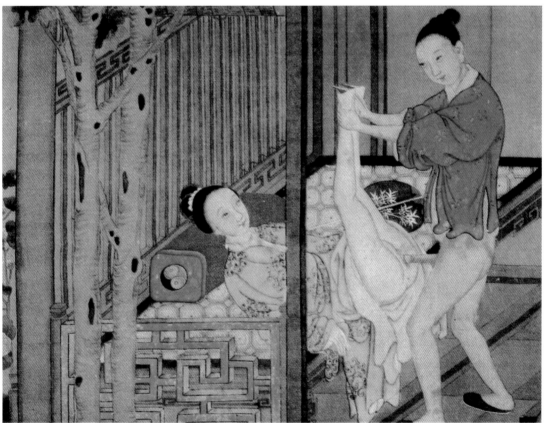

有豐富的各種性交方式,進而衍伸出各種足淫式性交,另一方面而言纏足後女性雙腿活動的多樣性產生,也就是雙腿不只限於行走跳躍跑步功能,更多的床上墊上運動姿勢,也促成各種不同的性行為、性交、性接觸的多樣化的進一步促進。

磨鏡——女同性戀

在中國古代，女同性戀多稱為「磨鏡」，因為雙方相互以廝磨或撫摩對方身體得到一定的性滿足，由於雙方有同樣的身體結構，似乎在中間放置了一面鏡子而在廝磨，故稱「磨鏡」。

傳統一夫多妻制下對深閨中的女同性戀有更多的包容，這一部分一直是男人未知的世界。例如被稱做媵妾的陪嫁女，從小就與小姐朝夕相處，小姐嫁後要與小姐同事一夫，除了夫妻間的性生活，我們自然了解到從小朝夕相處的主僕如何培養出超越關係的接觸，讓她們在婚前在婚後有共同的經歷。纏足的過程，讓身體感覺分享，成為女性間極為正常的日常行為、日常功課，在婢女與小姐的纏足功課中，自然產生了肉體接觸、身體肢體感覺的行為，這與今天人與人感覺疏離的環境、社會是極大的不同。

今天的女同性戀，強調在女性間精神與未來的長久寄託，與纏足世界女性共同探討身體感覺的過程，容或有許多不同，在道德規範下，也就是當時的社會制度下，女性對男性寵愛不得有妒，因為立足點不同，條件差異太大，也不容易產生競爭式的愛情競合，更何況在纏足世界是以行淫（性感覺、性接觸、性滿足）來取代情愛的。

那麼多張的女性相擁照片，確實讓人懷疑在纏足時代女性間的關係和現今了解的女性間關係不一樣，這也許就是炕上生活的新文化，男人是不是鼓勵女性間的同性戀情節，其實男人是漠視這一種女性關係的存在，在這樣的圈子裡一樣是有主宰與順從（主人與僕人）的關係存在，有照顧與服侍的關係存在，像《金瓶梅》中潘金蓮與春梅之間的關係，但這種關係不影響到男人威權，這種關係基本上還算是聖潔的。可以存在的關係包括親姊妹、結義姊妹、妻妾之間、眾妾之間、媵妾之間、主僕之間、妯娌之間、好朋友之間、堂姊妹之間，多沿著大家族內的人際網絡關係加深發揮，照片中也許有許多是同一妓院中的妓女之間的親密關係，這種關係親密到可以用照片公開也不會損及她的形象、性取向與營生，甚至認為是更為女人圈更為陰性生活純潔單純的顯現。

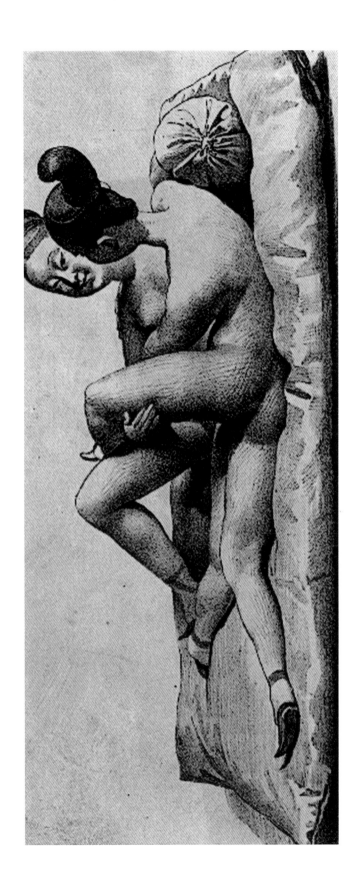

纏足婦女間肉體接觸，身體感覺分享，沒有受到太多禮教的禁錮，是閨房中女人世界的秘密。

女性間的做愛不單純只是陰陰相貼的「磨鏡」，更多的是口交、肛交、角先生、小腳交等各種不同的性行為享受，一旦偏離了傳統的男女交合，性行為的可能更為寬廣多樣。

纏足文化隔離的是兩性世界，但也同時創造出在大家庭中極為複雜紛亂關係的女性世界。同性戀也分為各種形式，如扮男性、扮女性、扮男性承受者、扮男性伸入者，扮女性承受者、扮女性伸入者。纏足讓女性擁有兩性器官，可以是承受者也可以是伸入者，可攻可守，當然也可以是不扮男不扮女，純粹只是身體接受者或伸入者。《采菲錄》續編中就有記載：「一婦尤奇，喜捉閨友纖趾代具，嘗夜易七、八始快」。

河南許昌，李振炎先生，《聊齋小說》，有關「三寸金蓮」章節插圖創作手稿。

採陰補陽

　　中國古代房中術可一言以蔽之：男子在性交過程中使自己保持不射精，卻使女方達到性高潮。也就是說要讓女人先泄，男人不泄，男性才能得到採補。唐朝著名的醫學家和藥物學家孫思邈在《千金要方》中說：「夫房中術者，其道甚近，而人莫能行其法。一夜御十女，閉固而已，此房中之術畢矣。」也就是說多御婦女，久交不泄，才能採陰補陽。

　　纏足婦女陰部多汁，可真有這回事，如何證明纏足婦女春水（淫水）特別旺盛。淫水應是從巴氏腺分泌具陰道潤滑功能，怎麼樣的情況巴氏腺分泌會增加呢？李汝珍《鏡花緣》小說那一段林之洋纏足時拿手巾磨擦下體，是為了刺激分泌嗎？為什麼與纏足的情節放在一起。大同人說小腳的女人陰部淫水比較多。陰阜特別突出，淫水就會大量分泌嗎？

　　採陰補陽的性交體系是「每次交合男性都必須使女性得到滿足，而男性只能在特定的場合使自己泄精，男性的精液是珍貴而有限的，而女性的陰精則取之不竭，藉由止精的交合，男性可使精元回歸體內，並可獲取女性陰精的滋補，而女性則可經由交合來激發陰精以活絡經血，強身健體。性行為完後，女性陰貼背會讓男人補氣、補精，讓男人虛弱的感覺獲得補充。性行為讓男女兩性都得到與施予，從性行為中獲得元氣。也有更多的方式刺激女性達到高潮。」瞭解中國古代房中術的精神，對於纏足的性的殿堂能有較深的瞭解，性交可以強健身體，合宜的性交甚至可以補充男女不足的元氣，這樣性行為除了子孫繁衍，滿足歡欲之外，多了很硬的理由，多行性交是可以鍛鍊身體的，這讓多淫的小腳婦女成為傳說中男性的恩物。

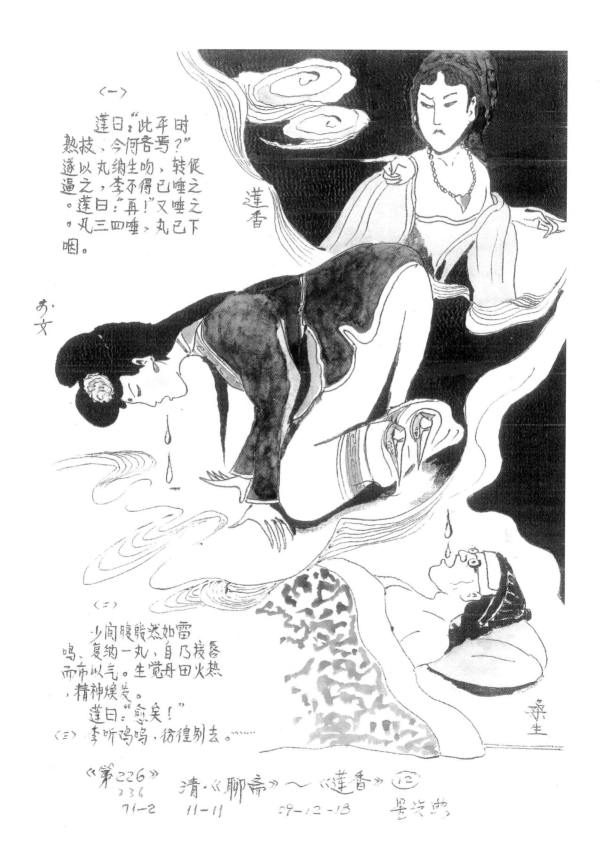

（一）

　莲曰："此平时
熟技、今何香写？"
遂以丸纳生吻、转促
逼之，李不得已咥之
。莲曰："再！"又咥之
。丸三四咥，丸已下
咽。

莲香

苏
文

（二）

　少间腹殷然如雷
鸣、复纳一丸，自乃接唇
而布以气。生觉丹田火热
，精神焕发。
　莲曰："愈矣！"
（三）李听鸡鸣，彷徨别去。……

桑
生

《第226》
　236
71-2　　11-11　　09-12-13　　吴苾典

清·《聊斋》～《莲香》（三）

河南許昌，李振炎先生，《聊齋小說》，有關「三寸金蓮」章節插圖創作手稿。

修練道學

漢、魏晉南北朝有許多的方士，運用道學來指導、領導眾人。道學是長生之道，是長壽之道，是治病之道，就是生命之道。道士重在修練身體，成就生命，纏足不就是一種身體修練的方式。宋代以後，方士不見了，道教變成了英雄崇拜、祖先崇拜、神仙崇拜，道士的身體修練不見了，這套身體修練的哲學反而進入了女性的體系流傳。女人要修練身體來成就男人健康的身體。提供更多陰氣給予男人，不能像狐仙吸取男人的精氣，而使男人枯竭。纏足像是一種形式的修練，在女性之間代代流傳，紅燈照是不是就是類似這樣的修練組織，更廣大的推入社會。

《素女經》所說的主體一直是素女——一個女人。教導性生活的避火圖、春宮畫、春畫、一直是由女性保存，提供教育，當它是一部性教育時由女性提供；當它是一套淫書時轉成男人收藏，這真是巨大的轉變。也許是明代中期才逐漸把健康的性教育轉換成為色情或情色，成為不雅的內容、罪惡的內容。把房中術導入情色的範疇，真要男人研習修練《素女經》來強身，不如期待女性修練。從男性的教學裡面，從來未見到教導房中術的，反而都像是女人教的，男人看的畫裡出現性交描寫就成了淫書了。

纏足不正是一種新的修練方式，一種人為的改變達到身體功能的改變，身體全身解剖構造的改變。一種人為刻意改變的身體，讓身體體會出不同的世界，不同的功能與不同生命觀、社會觀、人生觀，兩性相處之道都不同。

（一）

　　莲顾问：“何以处郎君者？”李赧然逊谢。莲笑曰：“恐郎强起，醋娘子要食杨梅也。”李欷欷社曰：“如有医国手，使妾得无负郎君，便当埋首地下，耻复腼然于人世也！”

（二）

　　莲解囊出药，曰：“妾早知有今，别后采药三山，凡三阅月，物料始备，疗蛊至死，投之无不苏者。然症由何得，仍以何引，不得不转求效力。”问：“何需？”曰：“樱口中一吴香唾耳。我一丸进，烦接口而唾之。”李晕生颐颊，俯首转侧而视其履。莲戏曰：“妹所得意惟履耳！”李益惭，俯仰若无所容。

莲香

李子文

黎晓

結語　一段逝去歷史的幻戀

　　纏足的性象徵只是一個對過去歷史的幻戀。奇怪的是在纏足盛行的年代，反而沒有人以纏足來描述，解釋赤裸裸的性行為，反而在纏足終止之際有相關的文章出現。其實對纏足的感受，往往也從對纏足過程的身體體會瞭解所感受出來的。男握女足的過程中，有很多時候可以導入對小腳形成或製作過程痛苦的體驗。足部每一部分每一細節都是一個可歌可泣的故事，一雙雙的形狀不同的小腳，事實上刻畫著不同纏足過程與不同的血淚故事，小腳其實就是記載著這些刻骨銘心故事的記事本。

　　網路時代與手機時代，人與人的接觸更加廣泛容易，藉著手機很容易傳送心靈，電子傳情，可對於身體更深層的性接觸了解與經驗就沒有金蓮時代的深刻，纏足將寫下人類歷史上性身體最深的篇章。歷經兩次世界大戰與歷經了普世性的婦女解放運動，西方婦女拋棄了束腰迎接自由的服飾，中國婦女歷經長期解放纏足運動，恢復了天足，恢復了婦女行動自由，但後現代化的今天，束腰馬甲仍悄悄地在西方特定社群中流行，借由網路宣傳清晰影響了世人對身體裝飾的改變，在中國仍然有許多九零後出生的年輕婦女，秉持著對身體藝術的追求，前仆後繼長期纏足，滿足個人意志的追尋，可是與西方束腰婦女高調宣揚相比，纏足婦女始終躲在陰暗避人的角落低調收斂，從不敢宣揚。

　　原來纏足小腳上完整立體的刻劃著身體感受的紀錄，這是身體的歷史憐惜，也就是對身體歷史的感動。對纏足的幻戀好像陷入歷史的幻想中，「小腳憐惜」本來就是一種過去歷史境界的感動，不太是現實社會環境中的實用價值，也不太是功利或未來的算計，反而是依附在過去的感情，過去經驗的回想，這將使人沉陷在過去情感的糾葛，過去古色古香雋永的回憶中，緬懷往日的情境與生活。從小腳上看到的是過去的感動。大量刻劃纏足性逸事的文章在纏足文化終結時出現。愛撫小腳的過程中，引動的是男人與女人對往日情懷的悸動。纏足不就是一道深刻記憶的傷痕，小腳就是陳舊刻畫的傷痕，深深烙著童年與年少時，刻骨銘心的記憶，

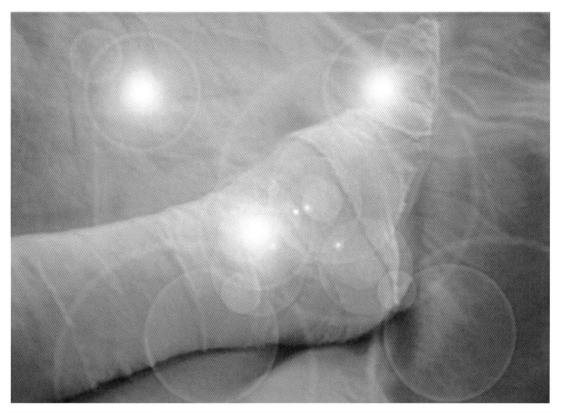

影像已依稀難以捉摸，卻仍留下最悸動的情愫相連結。

中國一千年「以家族傳統為社會組織的時代」，家族為社會組成最重要的元素，為了達成家族的繁衍，個人身體肢體的改變犧牲自然的發生，這在今天以個人為元素組構的國家社會，這樣的身體改變已不可能存在，一千年中有三十億婦女的身體改變藝術，寫下了人類史上一段最大規模肢體改變，纏足目的固然不單純為了「性」的努力，但性的因素一直是纏足的一部分背後靈，千年肢體改變下來，也為人類性學創造了一段奇特經驗，有助於對人類多元性文化的了解。本人三十多年來從事臨床醫療工作，開創亞洲第一個「性福門診」為性生活障礙的男女提供醫療服務，治療性功能障礙的問題，亦是「中華性福促進協會」理事長，多年來從纏足性文化中，體會出中國固有的性哲學、性觀念、性態度，竟然就是東方人面對文化衝擊下產生的性矛盾障礙的靈藥良方。東西文化的衝擊，不只在社會上，文化上，生活上造成了廣大民眾的挫折與徬徨，也在性關係、性態度、性生活上造成了影響，百年來社會文化生活上的衝擊歷經了天翻地覆的辯證，衝突與妥協，性問題卻因為不登大雅之堂，留存在禁忌空間，沒有機會仔細反思。

在東西方文化衝擊的今日，中國性文化中有那些可能足以保存，甚至應該宣揚提供世界寶貴的性福經驗。

本書的出版得感謝蔡登山先生的鼓勵與協助，我從十歲開始在歷史的字紙簍裡尋找拼湊纏足的歷史，早期的纏足資料是非常有限的，從小在筆記本裡記下了零星殘雜的史料，五十年過去了，從蒐藏的文物，體現到纏足生活，從田野調查了解更深入細膩的故事，時代的開放，大量資料開始湧入，資料多得連做筆記都來不及，更別說要找時間好好整理資料將思路脈絡清晰地寫一本書了，開始萌生寫一本纏足性文化的書，是在二十幾年前，當時就叫「金蓮秘性」集結了纏足各種性的野俗秘趣，希望能講出人類性學的道理，筆記寫了二十多年，拉拉雜雜的內容難以成書，有幸遇到國學大師蔡登山先生發揮「總編輯」的功力，化腐朽為神奇，將凌亂的資料編輯成書。整本書看似瑣碎凌亂，但歷史本就是紛雜片段的累積，沒有時間更細膩的整理出脈絡，就當敝帚獻醜，野人獻曝吧。

Do身體06 PF0174

性‧歡欲‧金蓮
——解構纏足性文化

作　　　者／柯基生
圖文編輯／黃昱雯
責任編輯／辛秉學
圖文排版／楊家齊
封面設計／王嵩賀

發　行　人／宋政坤
出　　　版／獨立作家
　　　　　　地址：114 台北市內湖區瑞光路76巷65號1樓
　　　　　　電話：+886-2-2796-3638　傳真：+886-2-2796-1377
　　　　　　服務信箱：service@showwe.com.tw
　　　　　　http://www.bodbooks.com.tw
印　　　製／秀威資訊科技股份有限公司
　　　　　　http://www.showwe.com.tw
展售門市／國家書店【松江門市】
　　　　　　地址：104 台北市中山區松江路209號1樓
　　　　　　電話：+886-2-2518-0207　傳真：+886-2-2518-0778
網路訂購／http://www.govbooks.com.tw
法律顧問／毛國樑　律師
總　經　銷／時報文化出版企業股份有限公司
　　　　　　地址：333桃園縣龜山鄉萬壽路2段351號
　　　　　　電話：+886-2-2306-6842

出版日期／2016年6月　BOD一版
　　　　　　2023年8月　BOD二版　定價／1000元

|獨立|作家|
Independent Author

寫自己的故事，唱自己的歌

性.歡欲.金蓮：解構纏足性文化 / 柯基生著. --
一版. -- 臺北市：獨立作家, 2016.06
　　面；　公分. -- (Do身體；6)
　BOD版
　ISBN 978-986-92963-5-9(精裝)

　1.纏足 2.性學 3.文化研究

538.152　　　　　　　　　　　　105005782

國家圖書館出版品預行編目

讀者回函卡

感謝您購買本書，為提升服務品質，請填妥以下資料，將讀者回函卡直接寄回或傳真本公司，收到您的寶貴意見後，我們會收藏記錄及檢討，謝謝！如您需要了解本公司最新出版書目、購書優惠或企劃活動，歡迎您上網查詢或下載相關資料：http:// www.showwe.com.tw

您購買的書名：＿＿＿＿＿＿＿＿＿＿＿＿＿＿＿＿＿＿＿＿＿＿＿＿＿

出生日期：＿＿＿＿＿年＿＿＿＿＿月＿＿＿＿＿日

學歷：□高中 (含) 以下　　□大專　　□研究所 (含) 以上

職業：□製造業　□金融業　□資訊業　□軍警　□傳播業　□自由業
　　　□服務業　□公務員　□教職　　□學生　□家管　□其它＿＿＿＿

購書地點：□網路書店　□實體書店　□書展　□郵購　□贈閱　□其他

您從何得知本書的消息？

　　□網路書店　□實體書店　□網路搜尋　□電子報　□書訊　□雜誌

　　□傳播媒體　□親友推薦　□網站推薦　□部落格　□其他＿＿＿＿＿＿

您對本書的評價：(請填代號　1.非常滿意　2.滿意　3.尚可　4.再改進)

　　封面設計＿＿＿　版面編排＿＿＿　內容＿＿＿　文／譯筆＿＿＿　價格＿＿＿

讀完書後您覺得：

　　□很有收穫　□有收穫　□收穫不多　□沒收穫

對我們的建議：＿＿＿＿＿＿＿＿＿＿＿＿＿＿＿＿＿＿＿＿＿＿＿

＿＿＿＿＿＿＿＿＿＿＿＿＿＿＿＿＿＿＿＿＿＿＿＿＿＿＿＿＿＿＿＿

＿＿＿＿＿＿＿＿＿＿＿＿＿＿＿＿＿＿＿＿＿＿＿＿＿＿＿＿＿＿＿＿

＿＿＿＿＿＿＿＿＿＿＿＿＿＿＿＿＿＿＿＿＿＿＿＿＿＿＿＿＿＿＿＿

11466
台北市內湖區瑞光路 76 巷 65 號 1 樓

獨立作家讀者服務部　　　收

....

（請沿線對折寄回，謝謝！）

姓　　名：＿＿＿＿＿＿＿＿　年齡：＿＿＿＿　性別：□女　□男

郵遞區號：□□□□□

地　　址：＿＿＿＿＿＿＿＿＿＿＿＿＿＿＿＿＿＿＿

聯絡電話：(日) ＿＿＿＿＿＿＿＿＿　(夜) ＿＿＿＿＿＿＿＿＿

E-mail：＿＿＿＿＿＿＿＿＿＿＿＿＿＿＿＿＿＿＿